农村常见法律问题看图一点通

荣丽双 著

中国法制出版社
CHINA LEGAL PUBLISHING HOUSE

图书在版编目（CIP）数据

农村常见法律问题看图一点通/荣丽双著．—北京：中国法制出版社，2020.12

（看图学法）

ISBN 978－7－5216－1529－6

Ⅰ．①农…　Ⅱ．①荣…　Ⅲ．①法律－中国－图解　Ⅳ．①D92－64

中国版本图书馆CIP数据核字（2020）第257415号

策划编辑：杨　智（yangzhi19861025@126.com）

责任编辑：王　悦　　　　封面设计：杨泽江

农村常见法律问题看图一点通

NONGCUN CHANGJIAN FALÜ WENTI KAN TU YIDIANTONG

著者/荣丽双

经销/新华书店

印刷/三河市国英印务有限公司

开本/880毫米×1230毫米　32开　　　　印张/9.75　字数/200千

版次/2020年12月第1版　　　　2020年12月第1次印刷

中国法制出版社出版

书号 ISBN 978－7－5216－1529－6　　　　定价：35.00元

北京西单横二条2号

邮政编码100031　　　　传真：010－66031119

网址：http：//www.zgfzs.com　　　　**编辑部电话：010－66053217**

市场营销部电话：010－66033393　　　　**邮购部电话：010－66033288**

（如有印装质量问题，请与本社印务部联系调换。电话：010－66032926）

致亲爱的读者

人的一生，不可避免地会遇到很多法律问题。衣食住行、婚姻继承、劳动就业……各个领域都蕴含着无尽的法律问题。但现实生活中，不少公民却法律意识淡薄，对一些关乎自身利益的法律知识一无所知或者一知半解。不懂法的结果就是：吃亏了都不知道怎么回事，被告上法庭还不知道自己错在哪儿，受了窝囊气却不知道如何维护权益，让公司辞退了不知道怎样据理力争……

学习法律，是一件利人利己的事。随着2020年我国《民法典》的出台，全国上下掀起了一股学习法律的高潮，让法律服务生活、让法律规范秩序、让法律服务你我成为大众看待法律的新视角。越来越多的人愿意关注法律、依法办事和维权。

在此，为了帮助读者知法、懂法，进而更好地守法、用法，依法办事和维权，我们编写了“看图一点通”系列，本系列丛书的主要特色如下：

一、兼具全面性与时代性

丛书以读者的生活、工作、学习为出发点，设置了若干分册，基本覆盖了各领域的法律知识点，极具全面性；并且，丛书围绕如《民法典》《土地管理法》等新颁布或修正的法律，结合当前社会生活实际，提炼了大量“热点问题”，具有很强的现实意义，相信一定能给读者以代入感，从而激发读者学法的积极性。

二、大众能够看得懂

百姓不懂法，很大程度上是由于法律条文和法律图书枯燥难懂。本丛书尽力避免法律图书严谨有余而通俗不足的通病，将原本枯燥难懂的法律知识用短小、简单的案例表现出来。案情介绍简洁流畅，法律讲堂切中要害，对法律知识的解说深入浅出，避免使用艰深的法律术语，行文通俗，贴近百姓生活。同时，本丛书配有一些辅助理解的场景插画，能让读者朋友们轻轻松松读懂法律。

三、读者一定能用得上

丛书的每一个分册都涵盖了与该领域相关的重要、常用的法律知识，选取的多是典型的真实案例。而法律讲堂部分给出的结论一般是法院通行的判决结果，并附有对应的法律条文依据。读者可以从中查询更多、收获更多。

四、方便阅读与检索

遇到法律问题后，读者朋友可以直接通过查询本书目录，找到相关问题，查看相关案例和点评，找到法律依据，还可以随用随查一部分文书范本。本丛书就像是读者朋友的“私人法律顾问”，遇到法律问题“照方抓药”即可。

五、纠纷能得到顺利合理解决

丛书所选问题常见多发，所选案例典型常见，法律讲堂切中要点，法律依据来源准确，文书范本随用随查，还有“私人法律顾问”般的善意提醒和诉讼指导。有了这一切，相信您的麻烦和纠纷一定能得到顺利合理解决，您的烦恼也会一去不复返！

目录

第1章 村民自治问题

第2章 宅基地问题

第4章 农民专业合作社问题

第5章 婚姻问题

第6章 抚养、收养与赡养问题

第8章 农村借贷问题

第9章 消费问题

第 1 章 村民自治问题

1. 村委会换届选举时，村民对村委会选举名单有异议的该如何做？

案例背景

一天，郭村的郭大爷在村里溜达，走到村委会门口时发现了两天前公布的参加选举的村民名单，便随便看了看，却看到了邻村村民王某的名字。郭大爷就向村委会的工作人员小张询问：“王某不是咱们村的人，还可以参加选举?”这时，刘大姐也走过来说：“对呀，王某因为父母发生车祸突然离世，其身体有残疾需要人照顾，来咱们村是投奔亲戚的，怎么能参加咱们村的选举呢?”郭大爷和刘大姐不是很懂法，虽然都对村委会选举名单有异议，但不知该怎么做。

学法有疑

那么，村民对村委会选举名单有异议的，该怎么办?

法律讲堂

村民对村委会选举名单有异议的，可以依法向村民选举委员会申诉。按照《村民委员会组织法》第十四条规定：“登记参加选举的村民名单应当在选举日的二十日前由村民选举委员会公布。对登记参加选举的村民名单有异议的，应当自名单公布之日起五日内向村民选举委员会申诉，村民选举委员会应当自收到申诉之日起三日内作出处理决定，并公布处理结果。”本案中，郭大爷和刘大姐看到公布的登记参加选举的村民名单时是名单公布两日后，没超出五日，因此郭大爷和刘大姐可以向村民选举委员会申诉，村民选举委员会应当在三日内作出处理决定。

法律条文

《中华人民共和国村民委员会组织法》

第十四条 登记参加选举的村民名单应当在选举日的二十日前由村民选举委员会公布。

对登记参加选举的村民名单有异议的，应当自名单公布之日起五日内向村民选举委员会申诉，村民选举委员会应当自收到申诉之日起三日内作出处理决定，并公布处理结果。

一句话说法

村民选举委员会公布登记参加选举的村民名单后，村民可以自行查看自己的选民资格以及其他人的选民资格，若有异议，应及时向村民选举委员会申诉，申诉时间为名单公布之日起五日内。

2. 村委会选举，村民受到贿赂该怎么办？

案例背景

2019 年，某村村委会选举最终确定了两位候选人：张某与李某。这两人在村里的实力及影响力不相上下，但由于张某忠厚老实，村里人可能更偏向于选他。李某为了这次选举，可谓费尽心思，觉得自己必须要做些什么，大家才会选他。一天下午，李某来到同村的王某家，王某不在家，李某就和王某的妻子寒暄了一阵，不一会儿就将话题转移到了选举上。李某对王某的妻子说："投票选我啊，我会给你们每个人发个大红包！"王某的妻子虽然讨厌李某但又不敢当面拒绝，无奈之下只好假装答应。李某走后，王某的妻子急忙找乡亲商量此事，才发现李某去各家游说，要么贿赂，要么威胁。

学法有疑

那么，按照法律规定，乡亲们应该怎么做来维护自己的权利？

法律讲堂

《村民委员会组织法》第十七条第二款规定：“对以暴力、威胁、欺骗、贿赂、伪造选票、虚报选举票数等不正当手段，妨害村民行使选举权、被选举权，破坏村民委员会选举的行为，村民有权向乡、民族乡、镇的人民代表大会和人民政府或者县级人民代表大会常务委员会和人民政府及其有关主管部门举报，由乡级或者县级人民政府负责调查并依法处理。”本案中，李某显然存在威胁、贿赂等行为，妨害了村民行使选举权，扰乱了正常的选举秩序，村民有权向乡级人大和政府或者县级人大常委会和政府及其有关主管部门举报。

法律条文

《中华人民共和国村民委员会组织法》

第十七条 以暴力、威胁、欺骗、贿赂、伪造选票、虚报选举票数等不正当手段当选村民委员会成员的，当选无效。

对以暴力、威胁、欺骗、贿赂、伪造选票、虚报选举票数等不正当手段，妨害村民行使选举权、被选举权，破坏村民委员会选举的行为，村民有权向乡、民族乡、镇的人民代表大会和人民政府或者县级人民代表大会常务委员会和人民政府及其有关主管部门举报，由乡级或者县级人民政府负责调查并依法处理。

一句话说法

在选举时，若出现以不正当手段当选村委会成员的，因其手段不合法，当选无效。无论选举前还是选举后，村民发现有人以威胁、贿赂、欺骗等不正当行为破坏村委会选举的，均可依法举报，以保障村民自治的合法有序。

3. 符合条件的村民有权同时在两个村登记参加选举吗?

案例背景

甲村的小梦是村里出了名的女强人。由于爸妈卖豆腐，小梦高中一毕业就自己开了豆腐坊，生意非常红火。2017 年 3 月，小梦与邻村的玉强相识相爱，二人很快结婚，小梦将户籍迁至邻村。2019 年，小梦在户籍所在村登记参加选举，后来听说甲村要进行选举，便也想试试，只是不知自己因户口问题是否符合条件。于是她就回到甲村找到村委会成员张某询问此事。张某说小梦是不符合选举资格的，原因是她已经嫁到了别村并且已在户籍所在村登记参加选举。小梦不解，认为自己两边都报名只是为了成功选举多个保障，虽然自己已经嫁到了邻村，但平时也是在娘家忙豆腐坊的事情，如果自己被选上了，肯定只在甲村这边工作，并不影响什么。

学法有疑

那么，小梦是否有甲村的选举资格呢？对此我国法律是如何规定的？

法律讲堂

小梦已经在户籍村报名登记参加选举，所以其就失去了在甲村的选举资格。《村民委员会组织法》第十三条第三款规定：“已在户籍所在村或者居住村登记参加选举的村民，不得再参加其他地方村民委员会的选举。”按照法律规定，小梦符合参加选举的条件，小梦虽然户籍不在甲村，但在本村居住一年以上，本人申请参加选举，只要经村民会议或者村民代表会议同意参加选举即可。但由于小梦已在户籍所在村登记参加选举，为保障选举的公平公正，小梦不能同时在两个村登记参加选举。尽管小梦在甲村也符合选举条件，但其只能在户籍所在村与甲村之间选择一个进行报名登记。

法律条文

《中华人民共和国村民委员会组织法》

第十三条 年满十八周岁的村民，不分民族、种族、性别、职业、家庭出身、宗教信仰、教育程度、财产状况、居住期限，都有选举权和被选举权；但是，依照法律被剥夺政治权利的人除外。

村民委员会选举前，应当对下列人员进行登记，列入参加选举的村民名单：

（一）户籍在本村并且在本村居住的村民；

（二）户籍在本村，不在本村居住，本人表示参加选举的村民；

（三）户籍不在本村，在本村居住一年以上，本人申请参加选举，并且经村民会议或者村民代表会议同意参加选举的公民。

已在户籍所在村或者居住村登记参加选举的村民，不得再参加其他地方村民委员会的选举。

为保障村民自治的有序性，法律规定了选举资格的排他性，即一个人只能在一个村子登记参加选举。

4. 村民代表会议的设立需要注意的事项有哪些？

案例背景

刘某居住在偏远的山村，人们依山建房，居住比较分散，可以用“与世隔绝”来形容。这里的人们世代务农，虽然收入不高，但日子过得舒服自在。高中毕业的刘某是村里文化水平最高的人。前段时间，村里要设立村民代表会议，但包括村支书在内的村委会成员都不懂法律，不知道该如何去做这件事情。于是，村委会把所有的希望都寄托在刘某的身上，希望刘某能够帮助村里成立村民代表会议。刘某觉得设立村民代表会议是关系各家各户的大事，表示自己很愿意帮忙。他决定先弄清法律对此是如何规定的。

学法有疑

那么，我国法律对于村民代表会议的设立是怎么规定的？

法律讲堂

《村民委员会组织法》第二十五条第一款规定：“人数较多或者居住分散的村，可以设立村民代表会议，讨论决定村民会议授权的事项。村民代表会议由村民委员会成员和村民代表组成，村民代表应当占村民代表会议组成人员的五分之四以上，妇女村民代表应当占村民代表会议组成人员的三分之一以上。”刘某居住的村子地处山区，居住分散，依法可以设立村民代表会议。其中应注意的是，村民代表会议由村委会成员和村民代表组成，村民代表的比例为五分之四以上，妇女代表的比例也应符合三分之一以上的要求。

法律条文

《中华人民共和国村民委员会组织法》

第二十五条 人数较多或者居住分散的村，可以设立村民代表会议，讨论决定村民会议授权的事项。村民代表会议由村民委员会成员和村民代表组成，村民代表应当占村民代表会议组成人员的五分之四以上，妇女村民代表应当占村民代表会议组成人员的三分之一以上。

村民代表由村民按每五户至十五户推选一人，或者由各村民小组推选若干人。村民代表的任期与村民委员会的任期相同。村民代表可以连选连任。

村民代表应当向其推选户或者村民小组负责，接受村民监督。

为保证村民的自治权及妇女的自治权，《村民委员会组织法》第25条对村民代表和妇女在村民代表会议中所占比例都有最低要求。另外，村民代表的比例为每5户至15户推选一人，各村可根据具体情况决定。

5. 二分之一的到会人员同意村民小组会议所作的决定，是否表示通过？

案例背景

2019年4月，某村召开村民小组会议，商议下个季度筹资投劳项目。本村村民小组成年人共22人，当天参加会议的有22人。由于村民小组组长是刚推选出来的张某，大家都听得很仔细。在进行表决时，大部分讨论事项都没什么争议，全票通过。在讨论到筹资投劳项目时，同意的人数刚好只有11人。组长张某看同意的人数达到了一半，便宣布通过。这时，一旁的王某提出了质疑，称虽然有半数同意，但也有半数不同意，也就是说变成了相同的人数，因此，并不能代表此事通过。

学法有疑

那么，村民小组会议中究竟有多少人同意才能通过决定？

法律讲堂

《村民委员会组织法》第二十八条第一款规定：“召开村民小组会议，应当有本村民小组十八周岁以上的村民三分之二以上，或者本村民小组三分之二以上的户的代表参加，所作决定应当经到会人员的过半数同意。”由此可知，该村参加会议的人数符合规定，但刚好半数同意的决定不能通过。因为法律明确规定的是“过半数”，也就是说，在这次会议中，每个事项至少有12人同意才可通过。因此，王某提出质疑是有道理的。

法律条文

《中华人民共和国村民委员会组织法》

第二十八条 召开村民小组会议，应当有本村民小组十八周岁以上的村民三分之二以上，或者本村民小组三分之二以上的户的代表参加，所作决定应当经到会人员的过半数同意。

村民小组组长由村民小组会议推选。村民小组组长任期与村民委员会的任期相同，可以连选连任。

属于村民小组的集体所有的土地、企业和其他财产的经营管理以及公益事项的办理，由村民小组会议依照有关法律的规定讨论决定，所作决定及实施情况应当及时向本村民小组的村民公布。

这里应当注意的是，法律规定的为“过半数”，就必须严格遵守法律规定，差一点也不行。比如进行表决的村民有49个人，半数为24.5，那么即使有24个人同意也不能通过，至少要25个人同意才行。

6. 村委会没有公开重要信息，村民维护自身权益的途径有哪些？

案例背景

石家庄某村积极落实国家政策，在村委会门前设立了村务公开栏，以方便及时公开村务，接受村民监督。2019 年 1 月，该村进行道路修建，政府拨付了一批款项用于道路修建。村民们听到这个消息后都非常高兴，就盼着快点把道路修好。2019 年第一季度的村务公开后，许多村民因为很关心道路修建的问题，便第一时间赶去村委会查看，发现并没有相关信息。有人向村委会人员询问，也没得到什么实质性的答复。后来，村里人都知道了这一情况，心里不太踏实，觉得这么重要的信息村委会应该及时公开。

学法有疑

那么，该村村民应该怎么做？

法律讲堂

《村民委员会组织法》第三十条第二款规定：“村民委员会应当及时公布下列事项，接受村民的监督：……（三）政府拨付和接受社会捐赠的救灾救助、补贴补助等资金、物资的管理使用情况……（五）涉及本村村民利益，村民普遍关心的其他事项。”第三十一条规定：“村民委员会不及时公布应当公布的事项或者公布的事项不真实的，村民有权向乡、民族乡、镇的人民政府或者县级人民政府及其有关主管部门反映，有关人民政府或者主管部门应当负责调查核实，责令依法公布；经查证确有违法行为的，有关人员应当依法承担责任。”本案中，道路修建当然是关系本村村民利益的重大事项，村民普遍比较关心。鉴于村委会没有及时公布相关情况，村民有权利向乡级或县级人民政府反映。政府主管部门应调查核实，确应公布的应责令村委会依法公布，有违法行为的人员应依法承担责任。

法律条文

《中华人民共和国村民委员会组织法》

第三十条 村民委员会实行村务公开制度。

村民委员会应当及时公布下列事项，接受村民的监督：

（一）本法第二十三条、第二十四条规定的由村民会议、村民代表会议讨论决定的事项及其实施情况；

（二）国家计划生育政策的落实方案；

（三）政府拨付和接受社会捐赠的救灾救助、补贴补助等资金、物资的管理使用情况；

（四）村民委员会协助人民政府开展工作的情况；

（五）涉及本村村民利益，村民普遍关心的其他事项。

前款规定事项中，一般事项至少每季度公布一次；集体财务往来较多的，财务收支情况应当每月公布一次；涉及村民利益的重大事项应当随时公布。

村民委员会应当保证所公布事项的真实性，并接受村民的查询。

第三十一条 村民委员会不及时公布应当公布的事项或者公布的事项不真实的，村民有权向乡、民族乡、镇的人民政府或者县级人民政府及其有关主管部门反映，有关人民政府或者主管部门应当负责调查核实，责令依法公布；经查证确有违法行为的，有关人员应当依法承担责任。

为保障村民的知情权，村委会对村务有及时公布的义务。村民要关心自身的权益，要有主人翁意识，定期到村委会查看了解，遇到不明白的可向工作人员询问。若发现存在应公布而未公布、公布不及时、公布的内容不真实等情况，可以依法向有关部门反映，以维护自身的合法权益。

7. 当村民的合法权益被村委会侵害时，村民该如何做？

案例背景

王奶奶是村里的孤寡老人，无儿无女，也没什么积蓄，多年来一直靠亲戚和邻居的救济过日子。而村里其他的人都有着不错的收入，日子过得很红火，家家户户都很幸福。2020年村里新支书上任，正好赶上县里分配低保名额，该村因为人口少再加上近几年发展得不错，只有一个名额。很显然这个名额应当属于王奶奶，而且村里的村民也都这样觉得。没想到新任村支书偷偷把名额给了他的弟弟，而他弟弟只是好吃懒做，并不符合低保的条件。王奶奶知道后虽然很生气，但也没有办法。好心的村民见王奶奶可怜，告诉她可以到法院起诉来维护自己的权益。

学法有疑

那么，王奶奶应该如何维护自己的权益？

法律讲堂

根据《村民委员会组织法》第三十六第一款规定："村民委员会或者村民委员会成员作出的决定侵害村民合法权益的，受侵害的村民可以申请人民法院予以撤销，责任人依法承担法律责任。"本案中，王奶奶是村里最符合低保条件的人，但新任村支书却徇私情，私自将低保名额给了自己的弟弟，侵害了老人的合法权益。王奶奶可以依法申请人民法院予以撤销，让村支书依法承担法律责任。

法律条文

《中华人民共和国村民委员会组织法》

第三十六条 村民委员会或者村民委员会成员作出的决定侵害村民合法权益的，受侵害的村民可以申请人民法院予以撤销，责任人依法承担法律责任。

村民委员会不依照法律、法规的规定履行法定义务的，由乡、民族乡、镇的人民政府责令改正。

乡、民族乡、镇的人民政府干预依法属于村民自治范围事项的，由上一级人民政府责令改正。

一句话说法

我国农村实行基层民主自治制度，村委会可以依法对村内事务作出决定，但是村委会及其成员不得因此损害村民的合法权益。

第2章 宅基地问题

8. 村民擅自将住宅建在自家田地上，会有什么后果？

案例背景

刘村刘二牛的大儿子刘明和同村的姑娘玲玲自由恋爱，两人经过一段时间的相处后，都认为对方是适合结婚的对象，双方父母也都对两个孩子很满意。于是，两人商量决定结婚。玲玲的父母怕自己的闺女嫁过去后被婆婆欺负，就提出玲玲婚后不和公婆在一起住，必须有自己的新房子。刘二牛没有办法，毕竟儿子是要结婚的，于是就在自家的田地上给儿子盖了新房子。村委会知道此事后，就找到刘二牛家，并告诉他们，擅自建造住宅不符合法律规定，应受到处罚。

学法有疑

村民在自家田地上擅自建住宅的，会有怎样的后果？

法律讲堂

《土地管理法》第七十八条规定：“农村村民未经批准或者采取欺骗手段骗取批准，非法占用土地建住宅的，由县级以上人民政府农业农村主管部门责令退还非法占用的土地，限期拆除在非法占用的土地上新建的房屋。超过省、自治区、直辖市规定的标准，多占的土地以非法占用土地论处。”也就是说，刘二牛未经批准在自己家田地上修建住宅，政府土地行政主管部门是会责令其退还非法占用的土地，限期拆除在非法占用的土地上新建的房屋的。

法律条文

《中华人民共和国土地管理法》

第七十八条 农村村民未经批准或者采取欺骗手段骗取批准，非法占用土地建住宅的，由县级以上人民政府农业农村主管部门责令退还非法占用的土地，限期拆除在非法占用的土地上新建的房屋。

超过省、自治区、直辖市规定的标准，多占的土地以非法占用土地论处。

一句话说法

严格土地管理是由我国“人多地少”的基本国情决定的。农村村民未经批准或者采取欺骗手段骗取批准，或者超过批准的数量非法占用土地建住宅的行为，触及了我国土地保护的红线，是要受到处罚的。

9. 盖房子搬运建材需要从邻居家经过，邻居能否不让其通过？

案例背景

某村的赵某与杨某虽说是十几年的老邻居了，但两人却如陌生人一样。因为两人早前发生过矛盾，一直到现在都谁也不搭理谁。2019年4月，赵某翻新房子，要运进一大批建材，并且需要从杨某家的院子里经过。于是，赵某就去找杨某商量，说盖房子期间需通过杨某家的院子把建筑材料运进来。但是该想法遭到了杨某的反对，杨某说："你家盖房子凭啥从我家过，肯定不行！"赵某一看杨某态度这么恶劣，非常生气，但自己又不懂法，不知道该怎么办。

学法有疑

那么，杨某的做法是否有法律依据？赵某该怎么办？

法律讲堂

杨某的做法是没有法律依据的。根据《民法典》第二百九十二条规定："不动产权利人因建造、修缮建筑物以及铺设电线、电缆、水管、暖气和燃气管线等必须利用相邻土地、建筑物的，该土地、建筑物的权利人应当提供必要的便利。"本案中，由于赵某搬运翻新房子需要的建筑材料必须经过杨某家，属于《民法典》中规定的"必须利用相邻土地、建筑物"的情况，因此赵某有权通行，杨某应该提供必要的便利。赵某可以和杨某进行协商，争取他的同意。如果杨某执意不肯，赵某可以请求村委会等部门出面予以协调，也可以通过诉讼途径解决。

法律条文

《中华人民共和国民法典》

第二百九十一条 不动产权利人对相邻权利人因通行等必须利用其土地的，应当提供必要的便利。

第二百九十二条 不动产权利人因建造、修缮建筑物以及铺设电线、电缆、水管、暖气和燃气管线等必须利用相邻土地、建筑物的，该土地、建筑物的权利人应当提供必要的便利。

一句话说法

不动产权利人原则上有权禁止他人进入其土地、建筑物，但他人因通行、建造等必须利用或进入其土地或建筑物的，不动产权利人应当提供必要的便利，否则就侵犯了对方的相邻权，可能给自己带来不必要的纠纷，甚至是法律责任。

10. 一人能够有两处宅基地吗？是否符合国家政策？

案例背景

赵某和刘某都是某村的村民，两人亲如兄弟。刘某的儿子大学毕业后就留在了城里，通过自己的努力在城里买了房子，并且把父亲刘某也接到了城里生活，而村里的房子就一直空着。今年年初，刘某从城里回来，看到自己的房子这么空着觉得有点可惜，就找到赵某说要把自己的房子送给赵某，反正自己以后也是要在城里跟儿子一起生活的。赵某听了非常激动，表示如果刘某想回来住可以随时回来。后来，赵某听说国家政策规定是“一户一宅”，他想知道自己有没有违反规定。

学法有疑

那么，一户可不可以有两处宅基地？

法律讲堂

由于土地资源的稀缺性和有限性，我国从法律上规定了农村村民一户只能拥有一处宅基地的“一户一宅”制度。这里需要说明的是一处宅基地不等于一宗地，宅基地是可以分开的，但面积应当累计计算。《土地管理法》第六十二条第一款规定：“农村村民一户只能拥有一处宅基地，其宅基地的面积不得超过省、自治区、直辖市规定的标准。”也就是说，在法律层面赵某只能拥有一处宅基地，而且宅基地面积须符合当地标准。《中央农村工作领导小组办公室、农业农村部关于进一步加强农村宅基地管理的通知》也明确规定了严格落实“一户一宅”规定。但是在实践中，由于继承祖辈遗产、接受他人馈赠、房屋买卖等情形，产生了很多“一户多宅”的现象。村民通过各种途径获得的多户宅基地，这是缺乏明确规定和依据的，不符合我国《土地管理法》等法律法规的规定。对历史形成的宅基地面积超标和“一户多宅”等问题，要按照有关政策规定分类进行认定和处置。

法律条文

《中华人民共和国土地管理法》

第六十二条 农村村民一户只能拥有一处宅基地，其宅基地的面积不得超过省、自治区、直辖市规定的标准。

人均土地少、不能保障一户拥有一处宅基地的地区，县级人民政府在充分尊重农村村民意愿的基础上，可以采取措施，按照省、自治区、直辖市规定的标准保障农村村民实现户有所居。

农村村民建住宅，应当符合乡（镇）土地利用总体规划、村庄规划，不得占用永久基本农田，并尽量使用原有的宅基地和村内空闲地。编制乡（镇）土地利用总体规划、村庄规划应当统筹并合理安排宅基地用地，改善农村村民居住环境和条件。

农村村民住宅用地，由乡（镇）人民政府审核批准；其中，涉及占用农用地的，依照本法第四十四条的规定办理审批手续。

农村村民出卖、出租、赠与住宅后，再申请宅基地的，不予批准。

国家允许进城落户的农村村民依法自愿有偿退出宅基地，鼓励农村集体经济组织及其成员盘活利用闲置宅基地和闲置住宅。

国务院农业农村主管部门负责全国农村宅基地改革和管理有关工作。

《中央农村工作领导小组办公室、农业农村部关于进一步加强农村宅基地管理的通知》

三、严格落实“一户一宅”规定

宅基地是农村村民用于建造住宅及其附属设施的集体建设用地，包括住房、附属用房和庭院等用地。农村村民一户只能拥有一处宅基地，面积不得超过本省、自治区、直辖市规定的标准。农村村民应严格按照批准面积和建房标准建设住宅，禁止未批先建、超面积占用宅基地。经批准易地建造住宅的，应严格按照“建新拆旧”要求，将原宅基地交还村集体。农村村民出卖、出租、赠与住宅后，再申请宅基地的，不予批准。对历史形成的宅基地面积超标和“一户多宅”等问题，要按照有关政策规定分类进行认定和处置。人均土地少、不能保障一户拥有一处宅基地的地区，县级人民政府在充分尊重农民意愿的基础上，可以采取措施，按照省、自治区、直辖市规定的标准保障农村村民实现户有所居。

一句话说法

在我国农村实行“一户一宅”制。已拥有一处宅基地并达到规定面积标准的，不得购买住宅，也不得到其他地区购买农民集体所有土地的房屋作为住宅。

11. 卖了自家宅基地，没有地方住，是否还能再申请新的宅基地？

案例背景

李某平常在村里好吃懒做，整天赌钱，欠了不少债。之后李某为了还债，只能卖了自己的房子，暂时居住在哥哥家里。由于长期居住在哥哥家里非常不方便，李某决定自己出去闯荡几年。李某虽然没有学历，但擅长交朋友，在城里认识了钱某。在钱某的帮助下，李某挣了大钱后决定回到村里。但李某想到村里的房子已经没有了，也不能再住到哥哥家里，就想着再申请一处宅基地。

学法有疑

出卖自家宅基地后，还可以通过申请得到新的宅基地吗？

法律讲堂

根据《土地管理法》第六十二条第五款的规定：“农村村民出卖、出租、赠与住宅后，再申请宅基地的，不予批准。”也就是说，李某出卖了自己的宅基地后，不可以再通过申请得到新的宅基地。这是因为在我国宅基地是国家无偿提供给农民的，具有福利性质。当村民将自己的宅基地出卖、出租后，就相当于用宅基地谋取了利益。如果允许其再申请，免费再为其提供宅基地，一来对其他村民不公平，二来不符合我国的土地管理法规和制度，三来不符合我国土地国情。所以，我国对于农村村民出卖、出租住房后，再申请宅基地的，采取的是不予批准的处理对策。

法律条文

《中华人民共和国土地管理法》

第六十二条第五款 农村村民出卖、出租、赠与住宅后，再申请宅基地的，不予批准。

一句话说法

农村村民出卖、出租、赠与住宅后，再申请宅基地的，不予批准。这是为了防止农村村民以建住宅为名搞房地产而采取的措施。但村（村民组）内有两户村民的宅基地都未达到标准，为进行宅基地调剂，由其中一户申请宅基地的，不属于这种情况，经村民会议讨论同意可以依法申请宅基地。

12. 能否单独转让宅基地的使用权?

案例背景

现在，各个村里都时兴儿子结婚在县城买房子，赵庄村也不例外。赵庄村赵某的儿子小赵到了结婚的年龄，看着同龄人结婚后都在县城里住起了楼房，心里很是羡慕，就要求赵某也在县城里给他买房结婚。赵某一听非常犯难，自己哪有那个钱啊？就在赵某发愁的时候，同村的黄某找到赵某，称自己看中了他的宅基地，愿意出6万元买该宅基地的使用权。于是，赵某就和黄某签订了宅基地使用权转让合同。但是当黄某开始动工建房时，村委会得知了此事，就以宅基地是分给赵某的为由阻止黄某建房。

学法有疑

那么，黄某的宅基地使用权受法律保护吗？

法律讲堂

黄某的宅基地使用权不受法律保护，他与赵某的宅基地使用权转让协议无效。根据《民法典》第三百六十三条的规定："宅基地使用权的取得、行使和转让，适用土地管理的法律和国家有关规定。"我国目前的司法实践中，农村宅基地使用权必须与宅基地上的房产一起流转，空白宅基地使用权不得转让、抵押和继承。本案中，赵某与黄某签订的单独转让宅基地使用权的协议与我国现行法律及政策相抵触，所以应被认定为无效，黄某无法依据该协议而取得宅基地使用权。

法律条文

《中华人民共和国民法典》

第三百六十三条 宅基地使用权的取得、行使和转让，适用土地管理的法律和国家有关规定。

一句话说法

宅基地的使用权因房屋的合法存在而存在，并随房屋所有权的转移而转移。房屋因继承、赠与、买卖等方式转让时，其使用范围内的宅基地使用权也随之转移。农村村民要获得宅基地的使用权，必须履行完备的申请手续，经有关部门批准后才能取得。所以在买卖房屋时，宅基地使用权也必须经过申请批准后才可随房屋转移。

13. 农民要进城落户就必须交出宅基地吗?

案例背景

张某是某村村民，一直在外从事长途运输工作。几年之后，张某在县城里买了楼房。因为女儿马上要上初中，为了让孩子有更好的生活环境，接受更好的教育，张某一家决定到县城落户。在办理好落户手续之后，张某听邻居说，如果他进城落户，就必须交出他在该村所拥有的宅基地。为此，张某非常担心，认为房子是自己花钱盖的，不能因为自己进城就交出宅基地，这样对自己来说是不公平的。后来，村委会找到张某，称张某已经是城镇居民，要交出其在该村的宅基地。

学法有疑

请问进城落户必须要交出宅基地吗?

法律讲堂

本案中，张某进城落户并不一定要交出宅基地，村委会强制要求张某交出宅基地的做法是错误的。

关于进城落户农民的宅基地问题，《中央农村工作领导小组办公室、农业农村部关于进一步加强农村宅基地管理的通知》第六条规定，要依法保护农民的合法权益，充分保障宅基地农户的资格权和农民房屋财产权。不得以各种名义违背农民意愿强制流转宅基地和强迫农民“上楼”，不得违法收回农户合法取得的宅基地，不得以退出宅基地作为农民进城落户的条件。因此，农民进城落户之后，不一定要交出宅基地。同时，根据《土地管理法》第六十二条规定，农民可以自愿有偿退出宅基地，但是，不能强制要求其交出宅基地。此外，农民在进城落户之后，为了避免宅基地的闲置，可以将宅基地转包给他人，以盘活利用宅基地。

法律条文

《中央农村工作领导小组办公室、农业农村部关于进一步加强农村宅基地管理的通知》

六、依法保护农民合法权益

要充分保障宅基地农户资格权和农民房屋财产权。不得以各种名义违背农民意愿强制流转宅基地和强迫农民“上楼”，不得违法收回农户合法取得的宅基地，不得以退出宅基地作为农民进城落户的条件。严格控制整村撤并，规范实施程序，加强监督管理。宅基地是农村村民的基本居住保障，严禁城镇居民到农村购买宅基地，严禁下乡利用农村宅基地建设别墅大院和私人会馆。严禁借流转之名违法违规圈占、买卖宅基地。

《中华人民共和国土地管理法》

第六十二条第六款 国家允许进城落户的农村村民依法自愿有偿退出宅基地，鼓励农村集体经济组织及其成员盘活利用闲置宅基地和闲置住宅。

宅基地是农民的基本居住保障，交出宅基地并不是农民进城落户的前提条件。农民在进城落户之后，可以自愿有偿交出宅基地，也可以采用转包的方式盘活利用宅基地。

14. 城镇居民有权在农村购置宅基地吗?

案例背景

现在城里的一些有钱人过够了都市生活，想体验田园生活。北京的周某一直喜欢田园生活，想到农村生活一段时间。前段时间，周某到大连出差，空暇期间，他到附近的村子里转了转，一下子就被村里的美景吸引住了，萌生了以后退休了去那里居住的想法。于是，他找到当地村委会说出了自己的想法，村委会经过协商，决定把村里的一块空地作为宅基地划给周某，条件是周某必须出5000元使用费，还要在本村投资建厂。周某觉得这样的条件很合适，就同意了村委会提出的条件。

学法有疑

周某能取得该村的宅基地使用权吗？

法律讲堂

周某不能取得该村的宅基地使用权。由于人多地少，我国实行严格的土地管理制度。宅基地是农民的基本生活保障，根据《国务院关于深化改革严格土地管理的决定》和《中央农村工作领导小组办公室、农业农村部关于进一步加强农村宅基地管理的通知》的规定，严禁城镇居民在农村购买宅基地，同时严禁下乡利用农村基地建设别墅大院和私人会馆。关于农村宅基地能否向城市居民转让的问题，在司法实践中也采取禁止转让的做法。如果双方对此存在争议而诉至法院，法院会判决转让协议无效。本案中，周某是城镇居民，因此不能在农村取得宅基地。

法律条文

《中华人民共和国民法典》

第三百六十三条 宅基地使用权的取得、行使和转让，适用土地管理的法律和国家有关规定。

《国务院关于深化改革严格土地管理的决定》

加强农村宅基地管理，禁止城镇居民在农村购买宅基地。

《中央农村工作领导小组办公室、农业农村部关于进一步加强农村宅基地管理的通知》

……宅基地是农村村民的基本居住保障，严禁城镇居民到农村购买宅基地，严禁下乡利用农村宅基地建设别墅大院和私人会馆……

一句话说法

根据现行的农村土地政策，农村的土地和房屋不能自由转让，只能转让给本经济组织成员，不能转让给城镇居民。中共中央、国务院通过有关文件，多次强调禁止城镇居民在农村购置宅基地。

15. 城镇居民租用农村民房的，最多可以签订多久的房屋租赁合同？

案例背景

李大爷夫妇是某市居民，二人马上就要退休了。为了安享晚年，李大爷准备和妻子一起到农村生活。但是，由于两人在农村没有住房，城镇居民也无法在农村购买房屋，所以他准备在乡下租用一所农村民房。经过朋友的介绍，李大爷找到了一所环境非常好的农村民房。于是，李大爷准备与该出租房屋的村民签订长期的租赁合同。但是，他听说长期租赁是有期限的，不知道自己最长可以签订多久的租赁合同。

学法有疑

城镇居民在承租农村房屋时，最长可以签订多久的房屋租赁合同？

法律讲堂

在本案中，李大爷承租农村房屋时签订的房屋租赁合同的期限最长不能超过20年。但是，在20年期限届满后，李大爷可以与该农户续签合同。

《民法典》第七百零五条规定，租赁合同的期限不得超过20年，超过20年的，超过部分无效。同时，《中央农村工作领导小组办公室、农业农村部关于进一步加强农村宅基地管理的通知》第五条规定，城镇居民、工商资本等租赁农房居住或开展经营的，要严格遵守法律的规定，租赁合同的期限不得超过20年。合同到期后，双方可以另行约定。据此可知，为了避免农村宅基地闲置，国家鼓励农民盘活利用宅基地，允许将宅基地出租给他人。城镇居民可以长期租赁农房，但是，租赁合同的期限最长是20年。

法律条文

《中华人民共和国民法典》

第七百零五条 租赁期限不得超过二十年。超过二十年的，超过部分无效。

租赁期限届满，当事人可以续订租赁合同；但是，约定的租赁期限自续订之日起不得超过二十年。

《中央农村工作领导小组办公室、农业农村部关于进一步加强农村宅基地管理的通知》

五、鼓励盘活利用闲置宅基地和闲置住宅

鼓励村集体和农民盘活利用闲置宅基地和闲置住宅，通过自主经营、合作经营、委托经营等方式，依法依规发展农家乐、民宿、乡村旅游等。城镇居民、工商资本等租赁农房居住或开展经营的，要严格遵守合同法[①]的规定，租赁合同的期限不得超过二十年。合同到期后，双方可以另行约定。在尊重农民意愿并符合规划的前提下，鼓励村集体积极稳妥开展闲置宅基地整治，整治出的土地优先用于满足农民新增宅基地需求、村庄建设和乡村产业发展。闲置宅基地盘活利用产生的土地增值收益要全部用于农业农村。在征得宅基地所有权人同意的前提下，鼓励农村村民在本集体经济组织内部向符合宅基地申请条件的农户转让宅基地。各地可探索通过制定宅基地转让示范合同等方式，引导规范转让行为。转让合同生效后，应及时办理宅基地使用权变更手续。对进城落户的农村村民，各地可以多渠道筹集资金，探索通过多种方式鼓励其自愿有偿退出宅基地。

国家允许城镇居民租用农村房屋，但是，城镇居民在与农民签订租赁合同时，最长期限不能超过20年。否则，超过20年期限的部分是无效的。

---

① 现为《民法典》。

16. 因自家施工导致邻居地基损坏，是否需要承担赔偿责任？

案例背景

这几年田村家家户户陆续盖起了新砖房，只有少数人家还是早年的老房子，田某家就是其中之一。田某见邻居们都住起了新房，心里很是羡慕，想想自己现在也富裕了，而自己住的房子还那么破，觉得很没面子。于是，田某决定把自己的房子翻新一下。但是在翻新的过程中，由于施工人员很不专业，导致与他毗邻而居的孙某的房子地基下沉，墙体裂缝。孙某看到自家房子被损毁得这么厉害，担心房子有一天会倒塌，于是就找到田某要求其赔偿。但是田某称，自己在自家宅基地上盖房子，没有超过边界，根本就没有义务赔偿。

学法有疑

那么，因自家施工导致邻居地基损坏，是否需要承担赔偿责任？

法律讲堂

如果孙某家房屋损坏确实是因为田某家施工所致，那么田某应该给予孙某赔偿。《民法典》第二百九十五条规定："不动产权利人挖掘土地、建造建筑物、铺设管线以及安装设备等，不得危及相邻不动产的安全。"本案中，田某翻新房屋的行为已经危及孙某房屋的安全，依法应当消除危险、恢复原状，并赔偿孙某损失。

法律条文

《中华人民共和国民法典》

第二百九十五条 不动产权利人挖掘土地、建造建筑物、铺设管线以及安装设备等，不得危及相邻不动产的安全。

《最高人民法院关于贯彻执行〈民法通则〉若干问题的意见(修改稿)》

110. 相邻一方在自己使用的土地上挖水沟、水池、地窖等或者种植的竹木根枝伸延，危及另一方建筑物的安全和正常使用的，应当分别情况，责令其消除危险，恢复原状，赔偿损失。

不动产权利人有权在自己享有使用权的土地范围内进行开挖地基、埋设水管、安装设备等工程建设，但是应注意相邻不动产的安全，避免对相邻不动产造成不应有的损害。

17. 邻居家房檐滴水损害了自家房屋，该怎么办？

案例背景

某村的孟家与唐家虽说是多年的老邻居，但一直关系不和。最近，两家矛盾更加尖锐。孟家的小儿子上大学后留在了城里，这几年在城里挣了不少钱，为了孝顺父母，就把家里的房子翻修了一下，盖成了特别气派的两层小楼。这座小楼比唐家的房子高出了许多，不但影响了唐家房子的采光和通风，而且一下雨，楼房上的水就往唐家的房子上滴，唐家的房子因此遭到了严重的损坏。唐某非常生气，便要求孟家赔偿，但遭到了孟家的拒绝。

学法有疑

那么，孟家应该赔偿吗？

法律讲堂

孟家应该对唐家进行赔偿。本案涉及不动产相邻关系。《民法典》第二百八十八条规定："不动产的相邻权利人应当按照有利生产、方便生活、团结互助、公平合理的原则，正确处理相邻关系。"第二百九十六条规定："不动产权利人因用水、排水、通行、铺设管线等利用相邻不动产的，应当尽量避免对相邻的不动产权利人造成损害。"本案中，孟家房檐滴水造成了唐家房屋的损坏，应当排除妨碍，赔偿损失。

法律条文

《中华人民共和国民法典》

第二百八十八条 不动产的相邻权利人应当按照有利生产、方便生活、团结互助、公平合理的原则，正确处理相邻关系。

第二百九十三条 建造建筑物，不得违反国家有关工程建设标准，不得妨碍相邻建筑物的通风、采光和日照。

第二百九十六条 不动产权利人因用水、排水、通行、铺设管线等利用相邻不动产的，应当尽量避免对相邻的不动产权利人造成损害。

一句话说法

我国法律规定，不动产的相邻权利人应当按照有利生产、方便生活、团结互助、公平合理的原则正确处理相邻关系。法律法规对处理相邻关系有规定的，依照其规定；法律法规没有规定的，可以按照当地习惯。

18. 新建的楼房能否影响邻居家房屋的通风、采光？

案例背景

林某与项某毗邻而居，两家关系一直不错，最近却闹起了矛盾。事情还得从林某家盖楼房说起。原来，林某在城里挣了不少钱，就把自家的房子翻盖成了特别气派的二层小楼。房子盖好后严重影响了项某家的通风和采光，即使在白天整个屋里都是黑洞洞的，项某家过起了“暗无天日”的生活。项某多次找到林某商谈此事，却一直未果。项某无奈之下将林某起诉至法院，要求林某对其进行赔偿。

学法有疑

法院会支持项某的请求吗？

法律讲堂

项某的诉讼请求能得到法院的支持。《民法典》第二百九十三条规定：“建造建筑物，不得违反国家有关工程建设标准，不得妨碍相邻建筑物的通风、采光和日照。”本案中，林某家建造的二层小楼影响了项某家房屋的采光和通风，导致房屋使用价值降低，客观上也影响了项某家正常的生活居住环境，应当赔偿项某损失。

法律条文

《中华人民共和国民法典》

第二百九十三条 建造建筑物，不得违反国家有关工程建设标准，不得妨碍相邻建筑物的通风、采光和日照。

一句话说法

为了避免建造建筑物时影响相邻建筑物的通风、采光和日照，我国法律对建造建筑物的高度、楼间距等都有明确的规定。当事人在建造房屋时应当充分考虑到这一点，避免因影响相邻建筑物的相邻权而产生不必要的纠纷甚至赔偿。

第3章 土地承包问题

19. 迁入城区并转为非农户口的，是否应该将承包的土地交回？

案例背景

沈阳市某村村民黄某夫妇为了供儿子上大学，在村西头承包了20亩耕地。黄某夫妇日夜操劳、省吃俭用，终于等到了儿子大学毕业。黄某的儿子大学毕业后进入了一家外企工作，老板对他非常赏识，他很快就坐上了公司总经理的位子。工作几年后，黄某的儿子为了让父母享福，用这几年攒的钱在沈阳市区买了一套房子，把父母接了过去，并且为二老办理了“农转非”户口。村主任王某知道了此事就找到黄某，说既然他们一家已经搬到城区并且办理了“农转非”，就应该把当时承包的地交回，这是规定。黄某不懂法，不知道村主任王某说的是否有道理。

学法有疑

迁入城区并转为非农户口的，是否应该将承包的土地交回？

法律讲堂

村主任王某的说法有一定的片面性。根据《农村土地承包法》第二十七条的规定，承包期内，如果承包方全家迁入城镇落户的，发包方应当引导、支持承包户按照自愿有偿原则依法在本集体经济组织内部转让或将承包地交回发包方，或鼓励其流转土地承包经营权。在承包方依法交回承包地或者发包方依法收回承包地时，承包方对其在承包地上投入而提高土地生产能力的，有权获得相应的补偿。可见，承包农户落户城镇但土地经营权还在承包期内的，可以选择交回承包地，也可以依法转让或通过出租等方式流转承包地。本案中，黄某一家人已经全部迁入市区，并办理了“农转非”户口，其可以依法处理土地承包经营权，并不一定要将承包地交回给发包方。因此，王某的说法具有一定的片面性。

法律条文

《中华人民共和国农村土地承包法》

第二十七条 承包期内，发包方不得收回承包地。

国家保护进城农户的土地承包经营权。不得以退出土地承包经营权作为农户进城落户的条件。

承包期内，承包农户进城落户的，引导支持其按照自愿有偿原则依法在本集体经济组织内转让土地承包经营权或者将承包地交回发包方，也可以鼓励其流转土地经营权。

承包期内，承包方交回承包地或者发包方依法收回承包地时，承包方对其在承包地上投入而提高土地生产能力的，有权获得相应的补偿。

一句话说法

对进城落户的居民，可根据本人意愿，保留其承包土地的经营权，也允许依法有偿转让。发包方不得以农户迁入城市为由要求其退出土地承包经营权。

20. 妇女嫁到别村后未取得承包地，原村的土地承包权是否能收回?

案例背景

王某与邻村的周某是通过他人介绍认识的，相处了一年后，二人都觉得对方不错，便决定结婚。2019 年 3 月底，两人按照村里的习俗办了酒席，但是并没有领取结婚证，原因是王某还未达到法定的结婚年龄，因此王某也未能在婆家所在的村子分到土地。婚后不久，王某娘家的村长张某来找王某称，村委会决定收回王某在娘家的承包地，理由是王某已经嫁到了别村，不属于本村村民，因此也就没有权利拥有本村的承包地了。

学法有疑

那么，王某娘家的村委会有权收回她的承包地吗？

法律讲堂

王某娘家的村委会无权收回她的承包地。根据《农村土地承包法》第三十一条的规定，在承包期内，妇女结婚，如果其在新居住地未取得承包地的，发包方不得收回其原承包地；妇女离婚或者丧偶，但是仍在原居住地生活或者不在原居住地生活但在新居住地未取得承包地的，发包方也不得收回其原承包地。在本案中，王某与娘家村委会依法签订了承包合同，已经取得了相应的土地承包经营权，且该承包期限尚未届满，王某仍享有承包经营权。虽然王某已经嫁到了别村，但由于其在婆家所在的村里尚未取得承包地，因此王某娘家的村委会不得收回其原承包地。

法律条文

《中华人民共和国农村土地承包法》

第三十一条 承包期内，妇女结婚，在新居住地未取得承包地的，发包方不得收回其原承包地；妇女离婚或者丧偶，仍在原居住地生活或者不在原居住地生活但在新居住地未取得承包地的，发包方不得收回其原承包地。

保护妇女在土地承包中的合法权益，是农村土地承包的一项重要原则。较长时间以来，一些地方在土地承包中不同程度地存在歧视妇女、侵害妇女权益的问题。因此，法律特别规定了出嫁妇女、离婚或丧偶妇女的土地承包经营权保护问题，确保出嫁、离婚或丧偶妇女有一份承包地。

21. 可以将农村承包经营的土地出租吗？需要注意哪些情况？

案例背景

某村村民贾某家世代务农，家里人都没什么文化，因此他发誓就算砸锅卖铁也要让自己的女儿上大学。女儿考上大学后，贾某觉得只靠在家种地很难维持家里的生活，何况现在女儿又要上大学，家里的开支更大，于是就和妻子商量进城打工，这样既可以挣更多的钱，又可以照顾女儿。但贾某又想到，这样一来家里的地就没人种了，挺可惜的。后来贾某碰到了村主任夏某，便将此事告诉了夏某。夏某帮贾某想了一个办法：将地租出去，既不荒废土地，又能有一笔小收入，将来打工回来还可以继续种地。贾某一听，觉得这倒是个好办法，但他不知道出租时需要注意哪些问题。

学法有疑

那么，贾某能将承包经营的地出租吗？他需要注意什么问题？

法律讲堂

根据《农村土地承包法》第三十六条、第三十八条的规定，土地承包经营权流转的主体是承包方，其有权依法自主决定土地承包经营权是否流转和流转的方式。本案中，贾某可以将承包经营的地出租出去，但是，其应当向发包方备案，并且遵循土地流转的各项原则，主要包括以下几点：（一）依法、自愿、有偿，任何组织和个人不得强迫或者阻碍土地经营权流转；（二）不得改变土地所有权的性质和土地的农业用途，不得破坏农业综合生产能力和农业生态环境；（三）流转的期限不得超过承包期的剩余期限；（四）受让方须有农业经营能力或资质；（五）在同等条件下，本集体经济组织成员享有优先权。

法律条文

《中华人民共和国农村土地承包法》

第三十六条 承包方可以自主决定依法采取出租（转包）、入股或者其他方式向他人流转土地经营权，并向发包方备案。

第三十八条 土地经营权流转应当遵循以下原则：

（一）依法、自愿、有偿，任何组织和个人不得强迫或者阻碍土地经营权流转；

（二）不得改变土地所有权的性质和土地的农业用途，不得破坏农业综合生产能力和农业生态环境；

（三）流转期限不得超过承包期的剩余期限；

（四）受让方须有农业经营能力或者资质；

（五）在同等条件下，本集体经济组织成员享有优先权。

一句话说法

农村土地承包经营权作为一种物权，具有可流转性。在稳定家庭承包经营的基础上，国家允许土地承包经营权的合理流转，这是农业发展的客观要求，也是农村经济发展、农村劳动力转移的必然结果。

22. 家庭承包中的承包人享有哪些权利，又应承担哪些义务？

案例背景

某村村民刘某结婚后一直靠打零工养家糊口，看着村里其他人日子过得越来越富裕，他心里一阵羡慕。为了让家人也能过上好日子，刘某打算在村里承包一大片农田，进行规模种植，但又不知道该如何去做。刘某的妻子是高中毕业，受过教育，有一定的法律知识。于是，刘某就找妻子商量。刘某的妻子告诉他，弄清自己的权利义务很重要。

学法有疑

那么，法律规定家庭承包中的承包人享有什么权利，又应承担什么义务呢？

法律讲堂

概括来讲，农村家庭承包经营是指由农民承包集体经济组织的土地等生产资料，自主进行经营的生产方式。家庭承包经营是集体经济组织内部的一个经营层次，是“以家庭承包经营为基础，统分结合的双层经营体制”的重要基础。《农村土地承包法》第十六条规定：“家庭承包的承包方是本集体经济组织的农户。农户内家庭成员依法平等享有承包土地的各项权益。”

根据《农村土地承包法》第十七条、第十八条的规定，承包方享有以下权利：（一）依法享有承包地使用、收益的权利，有权自主组织生产经营和处置产品；（二）依法互换、转让土地承包经营权；（三）依法流转土地经营权；（四）承包地被依法征收、征用、占用的，有权依法获得相应的补偿；（五）法律、行政法规规定的其他权利。同时，承包方应当承担以下义务：（一）维持土地的农业用途，未经依法批准不得用于非农建设；（二）依法保护和合理利用土地，不得给土地造成永久性损害；（三）法律、行政法规规定的其他义务。

法律条文

《中华人民共和国农村土地承包法》

第十六条 家庭承包的承包方是本集体经济组织的农户。

农户内家庭成员依法平等享有承包土地的各项权益。

第十七条 承包方享有下列权利：

（一）依法享有承包地使用、收益的权利，有权自主组织生产经营和处置产品；

（二）依法互换、转让土地承包经营权；

（三）依法流转土地经营权；

（四）承包地被依法征收、征用、占用的，有权依法获得相应的补偿；

（五）法律、行政法规规定的其他权利。

第十八条 承包方承担下列义务：

（一）维持土地的农业用途，未经依法批准不得用于非农建设；

（二）依法保护和合理利用土地，不得给土地造成永久性损害；

（三）法律、行政法规规定的其他义务。

一句话说法

《农村土地承包法》规定了承包方依法应当享有的权利。任何组织和个人侵害承包方权利的，都要依法承担相应的法律责任。当然，法律也规定了承包方依法应当履行的义务，承包方在土地承包期间应当认真履行法定义务，保护农村土地。

23. 农村土地承包合同都包括哪些内容?

案例背景

童某是农村人，小学毕业后就不再上学。成年后的童某不甘心一直在家务农，于是跑到城里打工。经过他人介绍，童某到一家建筑工地上班。不幸的是，童某在干活时不小心从高处坠落，正好掉在了下面的钢筋上，经抢救无效死亡。童某的父亲老童忍着白发人送黑发人的彻骨之痛为儿子办理了后事。在处理土地等事宜时，村委会要求老童出示儿子承包土地的合同书。老童不解，他不记得签订过什么合同书，村里分地不是口头宣布一下就行吗?

学法有疑

那么，农村土地承包合同应该是书面的吗？都应包括什么内容？

法律讲堂

农村土地承包合同当然应该是书面的。承包合同，是指发包方与承包方为承包经营某一财产，明确双方权利义务而订立的协议。双方签订书面协议是合同成立的证据，使之在法律上产生相应的效力，受到法律的保护。同时，书面协议也是合同生效的条件，为合同的履行提供了合法的依据。根据《农村土地承包法》第二十二条的规定，农村土地承包应当订立书面承包合同。

为了更好地履行合同，避免发生争议，该法明确规定了合同必备的条款：(一) 发包方、承包方的名称，发包方负责人和承包方代表的姓名、住所；(二) 承包土地的名称、坐落、面积、质量等级；(三) 承包期限和起止日期；(四) 承包土地的用途；(五) 发包方和承包方的权利和义务；(六) 违约责任。除此之外，发包方和承包方还可以在法律规定的范围内，协商约定其他合同条款。一旦合同双方签订成立承包合同，合同即生效，承包方依法取得该地块的土地承包经营权。

法律条文

《中华人民共和国农村土地承包法》

第二十二条 发包方应当与承包方签订书面承包合同。

承包合同一般包括以下条款：

（一）发包方、承包方的名称，发包方负责人和承包方代表的姓名、住所；

（二）承包土地的名称、坐落、面积、质量等级；

（三）承包期限和起止日期；

（四）承包土地的用途；

（五）发包方和承包方的权利和义务；

（六）违约责任。

第二十三条 承包合同自成立之日起生效。承包方自承包合同生效时取得土地承包经营权。

一句话说法

土地承包经营权是我国农民最重要的权利之一，涉及亿万农民的切身利益，关系到农业、农村经济发展和农村社会稳定。目前侵犯土地承包经营权的情况比较多，采用书面形式订立土地承包合同，有利于明确双方的权利义务，有利于防止争议和解决纠纷，也有利于对农村土地承包的规范和承包合同的管理。

24. 自然灾害致使承包地严重受损，发包方有权调整承包地吗？

案例背景

刘家村的刘某为了让家庭过上富裕的生活，于2017年承包了本村20亩良田，承包期为30年。可惜，2019年当地接连下了很多天的大暴雨，导致刘某承包的良田严重受损，不仅当年的庄稼所剩无几，之后几年也无法耕种。刚承包没几年的田地就发生了这样的事情让刘某非常头疼，因为全家老小都靠这20亩良田生活，刘某突然感觉走投无路，不知道该如何是好。后来听朋友说可以要求村里调整承包地，刘某很快找到村委会，想知道在这种情况下，村里是否可以为其调整承包地。

学法有疑

请问，因自然灾害导致承包地严重受损，可以重新调整吗？

法律讲堂

本案中，刘某承包的土地因受暴雨影响严重毁损，无法继续耕种，作为发包方的村委会可以对双方之间承包的土地进行适当的调整，但必须经过法定的程序。当然，如果当事人签订承包合同时，在合同中约定不得调整承包地的，则发包方不得调整。

我国法律明确规定，承包期内，发包方不得调整承包地，但是《农村土地承包法》第二十八条也有一项例外规定，即因自然灾害严重毁损承包地等特殊情况需要对个别农户之间承包的耕地和草地进行适当调整的，发包方可以依法调整，但必须经本集体经济组织成员的村民会议三分之二以上成员或者三分之二以上村民代表的同意，并报乡（镇）人民政府和县级人民政府农业农村、林业和草原等行政主管部门批准，否则，发包方在承包期内，不得随意调整承包地。当然，如果承包合同中约定不得调整的，应当按照其约定处理。

法律条文

《中华人民共和国农村土地承包法》

第二十八条 承包期内，发包方不得调整承包地。

承包期内，因自然灾害严重毁损承包地等特殊情形对个别农户之间承包的耕地和草地需要适当调整的，必须经本集体经济组织成员的村民会议三分之二以上成员或者三分之二以上村民代表的同意，并报乡（镇）人民政府和县级人民政府农业农村、林业和草原等主管部门批准。承包合同中约定不得调整的，按照其约定。

一句话说法

随意调整土地不利于土地承包关系的稳定，也不利于农民对土地的长期投入，容易造成短期效应，破坏土地生产力。但在相当长的承包期内，农村的现实情况变化很大，完全不允许调整也不现实，因此法律规定了在特殊情况下可以对个别农户之间的承包地进行必要的“小调整”。调整必须经过法定的程序，未经法定程序不得调整。同时，如果承包合同中约定不得调整的，则不得调整。

25. 土地承包经营权出租的租金，村委会能否要求分成？

案例背景

某村的老王最大的愿望就是儿子能考上大学，走出农村。为了供儿子读书，老王承包了本村40亩耕地，承包期限为30年。儿子考上某市的大学后，老王觉得靠种地也挣不了几个钱，便和爱人商量着把耕地租出去，老两口进城打工，一边陪儿子读书，一边挣钱，老王的爱人也表示同意。后来，老王把这个想法告诉了村里的夏某。夏某告诉老王，耕地租金要记得分给村委会一点，不然村委会日后会找老王的麻烦。

学法有疑

夏某的说法正确吗？村委会有权要老王的钱吗？

法律讲堂

夏某的说法错误，村委会无权要求分成。本案中，老王可以将自己依法承包的耕地转租给他人，而且该土地承包经营权出租的租金无须分给村委会，村委会也无权索取。我国允许土地承包经营权的依法合理流转，《农村土地承包法》第三十九条规定："土地经营权流转的价款，应当由当事人双方协商确定。流转的收益归承包方所有，任何组织和个人不得擅自截留、扣缴。"

法律条文

《中华人民共和国农村土地承包法》

第三十九条 土地经营权流转的价款，应当由当事人双方协商确定。流转的收益归承包方所有，任何组织和个人不得擅自截留、扣缴。

土地承包经营权流转的流转费，具体数额应当由双方在流转合同中协商确定，包括转包的转包费、出租的租金、转让的转让费。任何组织和个人不得擅自截留、扣缴流转费，不得侵犯承包方的土地流转权益。

26. 土地承包经营权出租合同的内容有哪些?

案例背景

某村的老王省吃俭用供儿子小王读书上大学，小王也很努力，考上了某市的重点大学，本硕连读，研究生毕业后便留校任教。小王工作了几年就攒下了一笔钱，为了孝顺父亲，小王便在城里买了一套房子，把老王接到了城里生活。后来，老王想到自己承包的20亩田地荒着没有人种挺可惜，就想着把田地转租出去。老王决定将自己承包的20亩耕地转租给同村的张某，但老王没什么文化，不懂法律，所以起草出租合同的重任就落在了张某肩上。张某虽然上过学，有一些法律常识，但起草合同还是头一次，从网上下载怕有问题，咨询律师又需要费用，张某也有点发愁。

学法有疑

那么，土地承包经营权出租合同都包含哪些内容呢?

法律讲堂

本案中，老王与张某协商出租土地承包经营权时，应当签订书面承包合同，依法确定合同必备条款。双方还可以协商确定其他补充条款，合同签订后应当报发包方备案。根据《农村土地承包法》第三十四条、第三十六条的规定，转让土地承包经营权的，应经过发包方同意；采取出租方式向他人流转土地经营权的，应向发包方备案。同时，该法第四十条规定，流转土地经营权，当事人应当签订书面合同。该条款还规定了土地承包经营权流转合同应当包括的一般条款，主要包括以下八项内容：（一）双方当事人的姓名、住所；（二）流转土地的名称、坐落、面积、质量等级；（三）流转的期限和起止日期；（四）流转土地的用途；（五）双方当事人的权利和义务；（六）流转价款及支付方式；（七）土地被依法征收、征用、占用时有关补偿费的归属；（八）违约责任。

法律条文

《中华人民共和国农村土地承包法》

第三十四条 经发包方同意，承包方可以将全部或者部分的土地承包经营权转让给本集体经济组织的其他农户，由该农户同发包方确立新的承包关系，原承包方与发包方在该土地上的承包关系即行终止。

第三十六条 承包方可以自主决定依法采取出租（转包）、入股或者其他方式向他人流转土地经营权，并向发包方备案。

第四十条 土地经营权流转，当事人双方应当签订书面流转合同。

土地经营权流转合同一般包括以下条款：

（一）双方当事人的姓名、住所；

（二）流转土地的名称、坐落、面积、质量等级；

（三）流转期限和起止日期；

（四）流转土地的用途；

（五）双方当事人的权利和义务；

（六）流转价款及支付方式；

（七）土地被依法征收、征用、占用时有关补偿费的归属；

（八）违约责任。

承包方将土地交由他人代耕不超过一年的，可以不签订书面合同。

一句话说法

土地承包经营权流转合同应采取书面形式，以明确双方的权利义务，减少纠纷。流转合同除需经双方当事人签字外，如果是采取转让方式流转的，该转让合同应当经发包方同意，否则转让合同不成立。采用其他方式流转的，无须经发包方同意，但应报发包方备案。土地承包经营权流转合同除需包含法律规定的“一般条款”外，双方还可约定其他内容。

27. 法律上规定了土地承包经营权互换必须进行登记吗？

案例背景

杨某与丁某都是杨柳村的村民，两人交情也一直很好。杨某在村东头有20亩地，丁某在村西头有20亩地，而杨某的家住在村西头，丁某的家住在村东头。于是，杨某就找丁某商量将自己的地与丁某的地互换耕种，这样两人都方便。丁某一听觉得这事挺好，表示同意。但丁某要求进行互换登记，于是双方到县政府有关部门办理了登记。

学法有疑

农村土地承包经营权互换必须进行登记吗？

法律讲堂

根据《农村土地承包法》第三十六的规定，承包方可以自主决定依法采取互换、转让、出租（转包）、入股等方式向他人流转土地经营权。但是需要注意的是，土地承包经营权在采取互换的方式流转时，根据该法第三十五条的规定，互换、转让土地承包经营权的，当事人可以向登记机构申请登记。未经登记，不得对抗善意第三人。也就是说，只有当土地承包经营权采取互换或转让方式流转，且当事人要求登记的，才应当依法登记；但是，未经登记的，不得对抗善意第三人。具体到本案中，杨某与丁某互换承包地时，由于丁某要求申请登记，所以应当登记。

法律条文

《中华人民共和国农村土地承包法》

第十七条　承包方享有下列权利：

……

（二）依法互换、转让土地承包经营权；

……

第三十五条 土地承包经营权互换、转让的，当事人可以向登记机构申请登记。未经登记，不得对抗善意第三人。

第三十六条 承包方可以自主决定依法采取出租（转包）、入股或者其他方式向他人流转土地经营权，并向发包方备案。

我国法律不强制当事人在流转土地承包经营权时进行登记，只有采取互换、转让方式流转，且当事人要求登记的，才需向有关部门申请登记。

28. 土地流转后，承包方可以单方解除合同的情形有哪些?

案例背景

谢某听亲朋好友说，现在种植麻山药非常挣钱。为了能够让家人过上好日子，2016 年 1 月 12 日，谢某承包了胡某 10 亩耕地，用于种植麻山药，双方约定转租期限为 10 年。在种植麻山药的过程中，为了能够高产，谢某在耕地上使用了大量的农药和化肥。起初，谢某的麻山药产量特别高，但后来产量越来越低。对此，胡某也感到十分疑惑，2019 年 12 月 1 日，胡某请有关专家对土壤环境进行了检测，发现该土地生态环境遭到了严重破坏。于是，胡某立即单方面与谢某解除了土地流转协议，但谢某认为协议期限尚未到期，胡某无权单方解除流转协议。

学法有疑

土地流转后，承包方可以单方解除流转合同吗?

法律讲堂

本案中，因谢某过度使用农药和化肥，导致土地生态环境遭到严重破坏，如果继续让谢某耕种，那么土地的生态环境还有可能遭到更为严重的破坏。所以，根据法律规定，从保护耕地的角度出发，作为承包方的胡某，有权单方解除土地流转协议。

我国法律明确规定，承包方不得单方解除土地流转协议，但如果受让方出现《农村土地承包法》第四十二条规定的四种情形之一，则承包方有权单方解除土地流转协议。这四种情形包括：（一）擅自改变土地的农业用途；（二）弃耕抛荒连续两年以上；（三）给土地造成严重损害或者严重破坏土地生态环境；（四）其他严重违约行为。由此可见，在土地流转后，原则上承包方不得单方解除土地流转协议，但如果出现上述四种情形之一，为保护耕地，承包方有权单方解除土地流转协议。

法律条文

《中华人民共和国农村土地承包法》

第四十二条 承包方不得单方解除土地经营权流转合同，但受让方有下列情形之一的除外：

（一）擅自改变土地的农业用途；

（二）弃耕抛荒连续两年以上；

（三）给土地造成严重损害或者严重破坏土地生态环境；

（四）其他严重违约行为。

一句话说法

现实生活中，在进行土地经营权流转时，为了保护受让方的合法权益，我国法律明确规定，承包方不得单方解除土地流转协议。但如果受让方存在随意改变土地农业用途、弃耕抛荒连续两年以上、给土地造成严重损害、严重破坏土地生态环境等行为，那么，从保护耕地的角度出发，承包方可以单方解除土地流转协议。

29. 可以用土地经营权进行贷款吗？

案例背景

李某是李家庄村民，2013 年 3 月，其承包了村里 15 亩林地，用于种植果树。起初，果树长势很好，经过精心培育，2015 年李某收获了第一批水果，并且获得了很好的收益。但天有不测风云，2019 年 6 月，李某的果树都出现了黄叶症状，随后叶子全部枯萎掉落。李某四处寻找救治方法，终于找到了对症的治疗方法，但缺少资金。就在此时，李某的表哥赵某从城里回来探亲，了解了李某的事情后，他建议李某用 15 亩林地的土地经营权作为金融担保去申请农业贷款。但李某有些迟疑，因为土地的所有权人并不是自己。

学法有疑

可以用土地经营权进行贷款吗？

法律讲堂

本案中，李某可以用自己承包的 15 亩林地的经营权作为金融担保去申请农业贷款，因为此处所需要的担保标的物并非土地所有权而是土地经营权。但是，李某在用 15 亩林地的经营权作为金融担保之前，需要向集体经济组织备案。而担保物权则自融资担保合同生效时设立。此外，李某需向登记机构申请登记，若不进行登记，不得对抗善意第三人。

对于土地承包经营权是否可以进行抵押贷款，我国法律有明确规定。《农村土地承包法》第四十七条规定，承包方可以用承包地的土地经营权向金融机构融资担保，但需要向发包方备案；若受让方是通过土地流转取得的土地经营权，那么其不仅需向发包方备案，还需要经承包方的书面同意。担保物权自融资担保合同生效时设立，当事人可向登记机构申请登记，若不进行登记，则不得对抗善意第三人。当需要实现担保物权时，担保物权人则有权就土地经营权优先受偿。

法律条文

《中华人民共和国农村土地承包法》

第四十七条 承包方可以用承包地的土地经营权向金融机构融资担保，并向发包方备案。受让方通过流转取得的土地经营权，经承包方书面同意并向发包方备案，可以向金融机构融资担保。

担保物权自融资担保合同生效时设立。当事人可以向登记机构申请登记；未经登记，不得对抗善意第三人。

实现担保物权时，担保物权人有权就土地经营权优先受偿。

土地经营权融资担保办法由国务院有关部门规定。

一句话说法

为了帮助农民致富，我国法律明确规定，农民可以承包本村的土地进行大面积的农作物等植物的种植，但在实践当中，有些农民在获得土地经营权后，因资金问题无法开展正常的种植活动。为此，我国法律又明确规定，在向发包方备案后，或经承包方书面同意并向发包方备案后，土地的经营权人可以将土地经营权作为担保的标的物向金融机构融资担保；当实现担保物权时，担保物权人有权就土地经营权优先受偿。

第4章 农民专业合作社问题

30. 农民专业合作社可以开展哪些业务?

案例背景

张某是某村村民，他和妻子原来一直在城里打工，家中的农地由父母耕种。父母去世后，张某和妻子为了照顾孩子，准备回到村里生活。于是，两人便承包了村里的20亩土地，准备种植棉花。在承包土地之后，张某听邻居说他们都加入了村里成立的农民专业合作社。在邻居的建议之下，张某也加入了本村的农民专业合作社。

学法有疑

那么，农民专业合作社可以开展哪些业务？

法律讲堂

本案中，张某所参加的农民专业合作社，是指在农村家庭承包经营基础上，农产品的生产经营者或者农业生产经营服务的提供者、利用者，自愿联合、民主管理的互助性经济组织。

根据《农民专业合作社法》第三条的规定，农民专业合作社以其成员为主要服务对象，开展以下一种或者多种业务：(一) 农业生产资料的购买、使用；(二) 生产、销售、加工、运输、贮藏农产品及其他相关服务；(三) 开发经营农村民间工艺及制品、休闲农业和乡村旅游资源等；(四) 与农业生产经营有关的技术、信息、设施建设运营等服务。此外，根据该法第四条的规定，该组织在建立时应遵循下列原则：(一) 成员以农民为主体；(二) 以服务成员为宗旨，谋求全体成员的共同利益；（三）入社自愿、退社自由；（四）成员地位平等，实行民主管理；（五）盈余主要按照成员与农民专业合作社的交易量（额）比例返还。

法律条文

《中华人民共和国农民专业合作社法》

第二条 本法所称农民专业合作社，是指在农村家庭承包经营基础上，农产品的生产经营者或者农业生产经营服务的提供者、利用者，自愿联合、民主管理的互助性经济组织。

第三条 农民专业合作社以其成员为主要服务对象，开展以下一种或者多种业务：

（一）农业生产资料的购买、使用；

（二）农产品的生产、销售、加工、运输、贮藏及其他相关服务；

（三）农村民间工艺及制品、休闲农业和乡村旅游资源的开发经营等；

（四）与农业生产经营有关的技术、信息、设施建设运营等服务。

第四条 农民专业合作社应当遵循下列原则：

（一）成员以农民为主体；

（二）以服务成员为宗旨，谋求全体成员的共同利益；

（三）入社自愿、退社自由；

（四）成员地位平等，实行民主管理；

（五）盈余主要按照成员与农民专业合作社的交易量（额）比例返还。

一句话说法

农民专业合作社是为农民谋求共同利益而成立的，主要开展为农民服务的相关业务，而且农民可以有权选择是否加入或者退出该组织，任何人都不得强制。

31. 农民专业合作社成员对合作社的债务承担“有限责任”还是“无限责任”？

案例背景

刘某是某村村民，一直以务农为生。由于生活成本不断提高，刘某认为只靠自己家的5亩农地无法再维持生活。因此，在朋友的建议下，刘某又承包了村里的20亩果园。在承包果园之后，因土地增多，为了方便农业生产，刘某便准备加入该村的农民专业合作社。但是，刘某不知道如果自己加入该组织，一旦以后出现风险，对于农民专业合作社所产生的债务，自己是要承担“有限责任”还是“无限责任”。

学法有疑

请问农民专业合作社成员对于该组织所产生的债务，是承担“有限责任”还是“无限责任”？

法律讲堂

本案中，刘某如果加入农民专业合作社，对于该组织所产生的债务，其作为社员，承担的是有限责任。

《农民专业合作社法》第五条规定，农民专业合作社对由成员出资、公积金、国家财政直接补助、他人捐赠以及合法取得的其他资产所形成的财产，享有占有、使用和处分的权利，并以上述财产对债务承担责任。第六条规定，农民专业合作社成员以其账户内记载的出资额和公积金份额为限对农民专业合作社承担责任。据此可知，农民专业合作社社员以自己账户内的出资额和公积金为限承担责任，即承担的是有限责任。

法律条文

《中华人民共和国农民专业合作社法》

第五条 农民专业合作社依照本法登记，取得法人资格。

农民专业合作社对由成员出资、公积金、国家财政直接补助、他人捐赠以及合法取得的其他资产所形成的财产，享有占有、使用和处分的权利，并以上述财产对债务承担责任。

第六条 农民专业合作社成员以其账户内记载的出资额和公积金份额为限对农民专业合作社承担责任。

第四十三条 农民专业合作社应当为每个成员设立成员账户，主要记载下列内容：

（一）该成员的出资额；

（二）量化为该成员的公积金份额；

（三）该成员与本社的交易量（额）。

一句话说法

在农民专业合作社中，农民以自己在该组织中的出资额和公积金份额为限对该组织承担有限责任，而无须以自己的全部财产承担责任。

32. 农民专业合作社欠我的钱，我可以将此债权作为合作社的股份吗？

案例背景

顾某是某村村民，原来一直从事长途运输业务。后来，因为一次车祸，顾某转而务农。在从事农业种植后，顾某想加入当地的农民专业合作社。但是，他必须以一定的财产出资。此时，顾某想到本村的农民专业合作社还欠自己5万元钱，便准备用对该社的债权作为自己出资的股份。而该合作社认为顾某的这种做法是错误的，他不能以自己对合作社享有的债权作为股份。

学法有疑

请问农民合作社成员能以对该社享有的债权充抵出资吗？

法律讲堂

在本案中，顾某不能以自己对合作社享有的债权来作为加入合作社的股份。顾某如果要加入该合作社，可以以其他的财产进行出资。

《农民专业合作社法》第十三条规定，除法律、行政法规规定不得作为出资的财产外，农民专业合作社成员可以用货币出资，也可以用实物、知识产权、土地经营权、林权等可以用货币估价并可以依法转让的非货币财产，以及章程规定的其他方式作价出资。此外，农民专业合作社成员不得以对该社或者其他成员的债权，充抵出资；不得以缴纳的出资，抵销对该社或者其他成员的债务。因此，该合作社的说法是正确的。

法律条文

《中华人民共和国农民专业合作社法》

第十三条 农民专业合作社成员可以用货币出资，也可以用实物、知识产权、土地经营权、林权等可以用货币估价并可以依法转让的非货币财产，以及章程规定的其他方式作价出资；但是，法律、行政法规规定不得作为出资的财产除外。

农民专业合作社成员不得以对该社或者其他成员的债权，充抵出资；不得以缴纳的出资，抵销对该社或者其他成员的债务。

在农民专业合作社中，农民既可以以货币资产出资，也可以用知识产权、土地经营权等非货币资产出资。但是，其不能用对合作社或者合作社成员的债权充抵出资。

33. 农民专业合作社的管理人拿回扣的，如何处理？

案例背景

王某是某村村民，其在本村承包了近30亩土地，并加入了该村的农民专业合作社。由于王某的学历较高，而且办事能力非常强，因此不久之后他便成了该合作社的管理人。然而，在一次出售农产品的过程中，王某私自收取他人的回扣，给该合作社造成近10万元的经济损失。之后，王某私自拿回扣的行为被发现，该组织要求王某承担相应的责任。

学法有疑

农民专业合作社的管理人员私自收受回扣应承担何种责任？

法律讲堂

本案中，王某私自收受回扣的行为是违法的，对于其所获得的回扣，应归还给合作社。此外，对该合作社造成的损失，王某应承担损害赔偿责任。

《农民专业合作社法》第三十六条明确规定，农民专业合作社的理事长、理事和管理人员不得有下列行为：(一) 侵占、挪用或者私分本社资产；(二) 违反章程规定或者未经成员大会同意，将本社资金借贷给他人或者以本社资产为他人提供担保；(三) 接受他人与本社交易的佣金归为己有；(四) 从事损害本社经济利益的其他活动。在出现上述行为时，对于农业合作社相关人员所得的收入，应当归农民专业合作社所有；给合作社造成损失的，应当承担赔偿责任。

法律条文

《中华人民共和国农民专业合作社法》

第三十六条 农民专业合作社的理事长、理事和管理人员不得有下列行为：

（一）侵占、挪用或者私分本社资产；

（二）违反章程规定或者未经成员大会同意，将本社资金借贷给他人或者以本社资产为他人提供担保；

（三）接受他人与本社交易的佣金归为己有；

（四）从事损害本社经济利益的其他活动。

理事长、理事和管理人员违反前款规定所得的收入，应当归本社所有；给本社造成损失的，应当承担赔偿责任。

在农民专业合作社中，作为合作社的管理人员，应当以身作则，依法履行自己的义务，不能收受回扣。一旦相关管理人员有收受回扣的违法行为，不但要将回扣返还给合作社，而且要承担相应的损害赔偿责任。

34. 农民专业合作社成立后，一直不经营的，结果会怎样?

案例背景

河南省某村因从事农业生产的农户非常多，为了方便农民从事生产经营，该村成立了农民专业合作社。但是，该合作社在成立之后，一直都未开展相应的经营活动。对此，该合作社的成员杜某提出异议，认为既然成立了合作社，就应该从事经营。否则时间长了，可能会对合作社产生不好的影响。但是，该合作社的其他成员不以为然，仍然没有开展相应的业务。

学法有疑

农民专业合作社成立后，如果一直未进行经营，将会面临何种后果?

法律讲堂

在本案中，杜某所在村的农民专业合作社在成立后一直没有经营，一旦超过两年，就会被吊销营业执照。因此，杜某提出的建议是正确的，该合作社应该开展相应的业务。

《农民专业合作社法》第七十一条规定，农民专业合作社连续两年未从事经营活动的，吊销其营业执照。农民专业合作社的成立需要经过一系列的程序，该组织成立的宗旨就是为农民服务。因此，农民专业合作社成立后就应该进行经营，开展相应的业务，充分发挥该组织应有的作用。如果农民专业合作社成立之后，一直未从事经营活动，就会被相关部门吊销营业执照。

法律条文

《中华人民共和国农民专业合作社法》

第七十一条 农民专业合作社连续两年未从事经营活动的，吊销其营业执照。

一句话说法

农民专业合作社作为一个互助性经济组织，在成立之后，应该从事相关的生产经营，开展相应的业务，为合作社的全体成员谋求利益。否则，一旦其超过法定期限未开展经营活动，就会面临被吊销营业执照的后果。

第5章 婚姻问题

35. 表兄妹之间可以结婚吗?

案例背景

王丽与李刚是表兄妹，二人在同一个村子里住，年龄相仿，从小一起长大，可谓青梅竹马。随着年龄的增长，二人互生好感，从兄妹偷偷变成了恋人。如今二人都到了结婚的年龄，家里人都挺着急，催促二人赶紧找对象。王丽与李刚无奈之下便将二人在一起的事情告诉了家里，没想到家里人一听都挺高兴，觉得这属于亲上加亲。王丽与李刚得到家人的同意后非常开心，决定结婚。可到婚姻登记机关办理婚姻登记时，工作人员却拒绝为二人办理婚姻登记。

学法有疑

那么，王丽与李刚可以结婚吗?

法律讲堂

根据《民法典》第一千零四十八条的规定，直系血亲或者三代以内的旁系血亲禁止结婚。本案中，王丽与李刚是表兄妹，属于三代以内的旁系血亲，因此，王丽与李刚不可以结婚，婚姻登记机关拒绝为两人办理婚姻登记的做法是正确的。

法律条文

《中华人民共和国民法典》

第一千零四十八条 直系血亲或者三代以内的旁系血亲禁止结婚。

一句话说法

我国法律禁止一定范围内的血亲结婚，包括直系血亲和三代以内的旁系血亲。其中，直系血亲包括父母子女，祖父母、外祖父母与孙子女、外孙子女；三代以内旁系血亲包括同一父母的子女，以及不同辈的叔、伯、姑、舅、姨与侄（女）、外甥（女）。

36. 丈夫被判刑，妻子能否因此而要求离婚？

案例背景

赵海和李欢都是某村的村民。赵海初中毕业后就回到村里自己开了一家小的饲料厂，如今挣了不少钱，也算是村里的有钱人。赵海的发小儿李欢从小就是个美女，长大后更加漂亮，村里单身的男青年都向往着有一天李欢能成为自己的妻子，赵海当然也不例外。于是，赵海展开了对李欢的追求，不久后两人便确立了恋爱关系，很快就结了婚。婚后一年，赵海就因为哥们儿义气与他人打架并致人死亡而被判入狱。李欢对丈夫极度失望，以后也不愿意再和他生活下去，因此向法院提出离婚诉讼请求，希望结束与丈夫赵海的婚姻关系。

学法有疑

那么，李欢的离婚请求会被允许吗？

法律讲堂

根据《民法典》第一千零七十九条，人民法院审理离婚应当进行调解；如果感情确已破裂，调解无效的，应当准予离婚。经人民法院判决不准离婚后，双方又分居满一年，一方再次提起离婚诉讼的，应当准予离婚。本案例中，赵海被判入狱，如果李欢的确无法原谅丈夫的罪行，感到内心经受着巨大的折磨，夫妻关系确实不能再维持下去了，是可以提起离婚的，而法院也会考虑具体情况作出合法合理的判决。如果人民法院判决不准离婚后，夫妻又分居满一年，李欢再次提起离婚诉讼的，应当准予离婚。

法律条文

《中华人民共和国民法典》

第一千零七十九条 夫妻一方要求离婚的，可以由有关组织进行调解或者直接向人民法院提起离婚诉讼。

人民法院审理离婚案件，应当进行调解；如果感情确已破裂，调解无效的，应当准予离婚。

有下列情形之一，调解无效的，应当准予离婚：

（一）重婚或者与他人同居；

（二）实施家庭暴力或者虐待、遗弃家庭成员；

（三）有赌博、吸毒等恶习屡教不改；

（四）因感情不和分居满二年；

（五）其他导致夫妻感情破裂的情形。

一方被宣告失踪，另一方提起离婚诉讼的，应当准予离婚。

经人民法院判决不准离婚后，双方又分居满一年，一方再次提起离婚诉讼的，应当准予离婚。

一句话说法

婚姻当事人一方被判刑，或者其违法、犯罪行为严重伤害夫妻感情的。一方要求离婚，经人民法院判决不准离婚后，双方又分居满一年，一方再次提起离婚诉讼的，应当准予离婚。

37. 在父母强迫下结婚的，可以向法院请求撤销婚姻吗？

案例背景

圆圆的母亲很早就去世了，而父亲在村里是有名的“赌棍”，经常四处借钱去赌博，家里为此欠下了巨额债务。圆圆的父亲无法还清债务，就强迫圆圆嫁给债主张某的儿子张鹏。刚开始圆圆不同意，但父亲一直对她软磨硬泡，还告诉她自己一个人将她带大不容易，现在她长大了应该孝顺自己。圆圆在无奈之下与张鹏结了婚。但是，婚后两人并没有任何感情，张鹏也一直对圆圆非常冷淡，圆圆不知该如何是好。

学法有疑

那么，在这种情况下，圆圆可以向法院请求撤销婚姻吗？

法律讲堂

本案中，圆圆的父亲为偿还债务而强迫圆圆与债主的儿子张鹏结婚，这是一种典型的包办婚姻。所谓包办婚姻是指婚姻关系以外的第三人（包括父母）违反婚姻自由原则，在违背婚姻当事人意愿的情况下，强迫其缔结的婚姻。

《民法典》明确规定，包办、买卖婚姻、其他干涉婚姻自由的行为以及借婚姻索取财物都是被禁止的行为。本案中，圆圆在父亲的强迫下与债主的儿子张鹏登记结婚，而她与张鹏之间没有任何感情，因此她可以向人民法院请求撤销与张鹏的婚姻。

法律条文

《中华人民共和国民法典》

第一千零四十二条第一款 禁止包办、买卖婚姻和其他干涉婚姻自由的行为。禁止借婚姻索取财物。

第一千零五十二条 因胁迫结婚的，受胁迫的一方可以向人民法院请求撤销婚姻。

请求撤销婚姻的，应当自胁迫行为终止之日起一年内提出。

被非法限制人身自由的当事人请求撤销婚姻的，应当自恢复人身自由之日起一年内提出。

一句话说法

包办婚姻是违反婚姻自由原则、强迫他人结婚的行为，是剥削社会婚姻制度的产物，理应禁止。对于这种婚姻，当事人可以请求撤销婚姻，对于没有建立起感情的应准予离婚；若已有子女并已建立感情的，应先调解，再根据具体情况决定。

38. 离婚时，可以要求返还彩礼吗？

案例背景

经过媒人介绍，黄明与赵敏相识，两人相处了一段时间后，彼此非常满意。于是，两家开始商量婚事。结婚时，男方父母准备了一份丰厚的彩礼送给女方，风风光光地把儿媳妇娶进了门。但是，婚后没多久，两人便开始出现矛盾，经常为小事吵架。后来，赵敏向黄明提出了离婚，黄明说离婚可以，但要求赵敏返还结婚时自己父母给她的彩礼。

学法有疑

黄明的要求合理吗？他可以要求赵敏返还彩礼吗？

法律讲堂

判断黄明的要求是否合理要视情况而定。按照传统习俗，婚姻当事人一方给付另一方的彩礼，不能单纯地归结为夫妻共有财产。通常情况下，彩礼的性质应该认定为当事人一方的父母为了子女结婚进行的出资。按此理解，彩礼似乎属于夫妻共同财产。但是，根据《最高人民法院关于适用〈中华人民共和国民法典〉婚姻家庭编的解释（一）》第五条的规定，当事人请求返还按照习俗给付的彩礼的，如果查明属于以下情形，人民法院应当予以支持：（一）双方未办理结婚登记手续；（二）双方办理结婚登记手续但确未共同生活；（三）婚前给付并导致给付人生活困难。适用前款第二项、第三项的规定，应当以双方离婚为条件。因此，在本案中，黄明给赵敏的彩礼，按照司法解释的阐述，赵敏无须返还。

法律条文

《最高人民法院关于适用〈中华人民共和国民法典〉婚姻家庭编的解释（一）》

第五条 当事人请求返还按照习俗给付的彩礼的，如果查明属于以下情形，人民法院应当予以支持：

（一）双方未办理结婚登记手续；

（二）双方办理结婚登记手续但确未共同生活；

（三）婚前给付并导致给付人生活困难。

适用前款第二项、第三项的规定，应当以双方离婚为条件。

一句话说法

按照法律规定，双方建立婚约而未办理结婚登记手续的，应当返还彩礼；已经结婚又离婚的，原则上彩礼不再返还。但常见的有两种例外情况，一种是双方结婚后一直未共同生活的，另一种是因为给付彩礼导致给付人生活困难的。

39. 妻子有义务偿还丈夫婚前的债务吗?

案例背景

刘涛出身农村，虽然没上过什么学，但很有经济头脑。刘涛向银行借了50万元贷款，约定5年内偿还。后来，刘涛用这笔钱开创了自己的事业。事业有成的刘涛也到了谈婚论嫁的年龄，于是便与相爱多年的女朋友雯雯结了婚。婚后，刘涛的事业遇到挫折，而还款日期将近，他并没有能力偿还全部的本息。刘涛就对雯雯说："你是我的妻子，有义务替我还债。你也想想办法，找钱帮我把债务还上。"

学法有疑

那么，雯雯有义务替刘涛偿还这笔债务吗?

法律讲堂

雯雯没有义务替刘涛偿还这笔债务，但雯雯自愿偿还的不在此列。《最高人民法院关于适用〈中华人民共和国民法典〉婚姻家庭编的解释（一）》第三十三条明确规定，债权人就一方婚前所负个人债务向债务人的配偶主张权利的，人民法院不予支持。但债权人能够证明所负债务用于婚后家庭共同生活的除外。本案中，刘涛所负债务是用于自己的事业，因此，雯雯不必替刘涛偿还债务。

法律条文

《最高人民法院关于适用〈中华人民共和国民法典〉婚姻家庭编的解释（一）》

第三十三条 债权人就一方婚前所负个人债务向债务人的配偶主张权利的，人民法院不予支持。但债权人能够证明所负债务用于婚后家庭共同生活的除外。

从法律层面来说，婚前债务属于个人债务，不属于夫妻共同债务，当然无须夫妻共同偿还。具体来说，婚前一方以个人名义所欠外债，原则上应当认定为个人债务，债权人向债务人的配偶主张权利时，除非债权人能够举证证明该债务用于婚后家庭共同生活，否则法院不支持由夫妻双方共同偿还。

40. 夫妻一方丧失劳动能力后，另一方是否对其负有扶养义务？

案例背景

村民田某嫁给吴某后不仅日夜操劳，而且为了养家糊口还常年在外奔波。一日，田某进城办事时不幸遭遇车祸，导致双腿高位截肢，生活不能自理，丧失了劳动能力。而作为田某丈夫的吴某不但对田某不管不问，而且经常出去喝酒，从来都不管家里的事情。田某多次找吴某商谈，吴某总是说大家都是成年人，自己对田某没有扶养义务，田某对此很是无奈。

学法有疑

那么，吴某对田某有扶养义务吗？

法律讲堂

《民法典》第一千零五十九条第一款规定：“夫妻有相互扶养的义务。”所谓夫妻之间的扶养义务主要是为彼此提供经济上的供养和生活上的扶助，以此来维持日常的生活。需要扶养的一方，在另一方不履行扶养义务时，有要求对方付给扶养费的权利。本案中，田某丧失了劳动能力，没有了生活来源，有权要求丈夫吴某履行扶养义务。如果吴某有能力却坚持不履行对田某的扶养义务，则有可能构成遗弃罪并被追究刑事责任。

法律条文

《中华人民共和国民法典》

第一千零五十九条 夫妻有相互扶养的义务。

需要扶养的一方，在另一方不履行扶养义务时，有要求其给付扶养费的权利。

《中华人民共和国刑法》

第二百六十一条 对于年老、年幼、患病或者其他没有独立生活能力的人，负有扶养义务而拒绝扶养，情节恶劣的，处五年以下有期徒刑、拘役或者管制。

夫妻之间互相扶养既是权利又是义务，这种权利义务是平等的。有扶养能力的一方，对于有残疾、患有重病、经济困难的配偶，必须主动承担扶助供养责任。如果夫或妻一方患病或者没有独立生活的能力，有扶养义务的配偶拒绝扶养，情节恶劣，构成遗弃罪的，应当承担刑事责任。

41. 什么是“离婚冷静期”？

案例背景

大力与小娟经媒人介绍相识，不久就登记结婚了。在结婚之后，小娟发现大力每天好吃懒做，也不去找活儿干，不是看电视就是玩手机，什么事也不管，家里家外都靠她一个人忙活。小娟觉得两人无法生活在一起。半年后，小娟提出离婚，大力也没有阻止，两人准备到民政局办理离婚手续。但是，小娟听说现在离婚存在一个“离婚冷静期”，很是疑惑，怕离不成。

学法有疑

那么，“离婚冷静期”是怎么回事？

法律讲堂

“离婚冷静期”，是指在夫妻双方准备离婚时，根据法律规定，要求双方暂时分开一段时间，以考虑清楚是否继续离婚。《民法典》第一千零七十七条规定：“自婚姻登记机关收到离婚登记申请之日起三十日内，任何一方不愿意离婚的，可以向婚姻登记机关撤回离婚登记申请。前款规定期限届满后三十日内，双方应当亲自到婚姻登记机关申请发给离婚证；未申请的，视为撤回离婚登记申请。”据此可知，在我国，“离婚冷静期”的时间是30日。在期限届满之后，如果大力和小娟双方坚持离婚，则他们可以到婚姻登记机关申请发放离婚证。小娟也不必害怕离不成，如果一切符合法律手续规定，会顺利离婚的。

法律条文

《中华人民共和国民法典》

第一千零七十七条　自婚姻登记机关收到离婚登记申请之日起

三十日内，任何一方不愿意离婚的，可以向婚姻登记机关撤回离婚登记申请。

前款规定期限届满后三十日内，双方应当亲自到婚姻登记机关申请发给离婚证；未申请的，视为撤回离婚登记申请。

我国法律之所以规定离婚冷静期，是为了避免夫妻双方做出草率决定而冲动离婚。“离婚冷静期”不是当事人离婚的障碍，而是促使当事人冷静下来的一剂良药，毕竟，现实生活中由于头脑一热就离婚的人太多了。

第 6 章 抚养、收养与赡养问题

42. 什么是监护？父母双亡后，孩子的监护人该如何确定？

案例背景

强强今年 6 周岁了，家住在农村。强强的父母常年在外打工，强强则一直寄住在姑姑家。大年三十晚上，强强的父母在从外地赶回家的途中发生了车祸，双双身亡。强强的父母去世后，姑姑是他唯一的亲人。于是，强强的姑姑打算担负起对强强的抚养义务。但这件事遭到了强强姑父的反对，强强的姑父认为自己家已经有两个孩子了，现在又来一个，无疑会增加经济负担。

学法有疑

那么，强强到底该由谁来抚养呢？

法律讲堂

根据《民法典》第十九条、第二十条、第二十一条、第二十二条的规定，不满8周岁的儿童及不能辨认自己行为的成年人为无行为能力人；8周岁以上的未成年人和不能完全辨认自己行为的成年人为限制行为能力人。为了保护无行为能力人与限制行为能力人的合法权益，我国民法设立了监护制度。根据《民法典》第二十七条的规定，父母是未成年人的监护人；父母死亡或者没有监护能力的，由未成年人的祖父母、外祖父母，兄、姐，以及经过未成年人住所地的居民委员会、村民委员会或民政部门同意的其他愿意担任监护人的个人或组织，承担监护责任。

一般情况下，确定监护权应遵循以下三个原则：第一，必须有作为监护人的主体资格和能力；第二，当数人都具有主体资格和能力时，按《民法典》规定的顺序加以确定；第三，当同一顺序中的数人都有监护资格并都要做监护人时，要按对被监护人有利的原则和是否有抚养关系来加以考虑。同时，被监护人有识别能力的还应征求其意见。

本案中，强强只有6周岁，基本不具有识别能力，属于无行为能力人，所以在确定孩子的监护人时，不用征求孩子的意见。强强一直住在姑姑家里，父母去世后，姑姑与姑父是他唯一的亲人，并且姑姑愿意抚养、照顾强强，考虑到强强的成长需求，姑姑可与家人协商，在征得强强住所地的基层群众自治组织或民政部门同意后，担任强强的监护人，抚养强强长大。

法律条文

《中华人民共和国民法典》

第十九条 八周岁以上的未成年人为限制民事行为能力人，实施民事法律行为由其法定代理人代理或者经其法定代理人同意、追认；但是，可以独立实施纯获利益的民事法律行为或者与其年龄、智力相适应的民事法律行为。

第二十条 不满八周岁的未成年人为无民事行为能力人，由其法定代理人代理实施民事法律行为。

第二十一条 不能辨认自己行为的成年人为无民事行为能力人，由其法定代理人代理实施民事法律行为。

八周岁以上的未成年人不能辨认自己行为的，适用前款规定。

第二十二条 不能完全辨认自己行为的成年人为限制民事行为能力人，实施民事法律行为由其法定代理人代理或者经其法定代理人同意、追认；但是，可以独立实施纯获利益的民事法律行为或者与其智力、精神健康状况相适应的民事法律行为。

第二十七条 父母是未成年子女的监护人。

未成年人的父母已经死亡或者没有监护能力的，由下列有监护能力的人按顺序担任监护人：

（一）祖父母、外祖父母；

（二）兄、姐；

（三）其他愿意担任监护人的个人或者组织，但是须经未成年人住所地的居民委员会、村民委员会或者民政部门同意。

未成年人的父母死亡或者没有监护能力，需要为其指定监护人时，应当根据监护人与被监护人之间的血缘、抚养和组织等关系的远近来确定。作为未成年人的监护人，要切实保护未成年人的合法权益，承担相应的监护责任。

43. 小学生在学校将人打伤，责任应该由谁来承担？

案例背景

某小学发生了一起伤人案件：事发时，正在给一年级上课的数学老师因临时有事外出，鹏鹏与小亮看老师不在教室里，就打闹起来。小亮想用笔在鹏鹏脸上画画，结果一不小心就用笔尖戳到了鹏鹏的左眼球，致其左眼穿通伤伴外伤性白内障。鹏鹏住院治疗 40 天，花去医疗费 6500 元。

学法有疑

这笔医疗费该由谁承担呢？

法律讲堂

首先，根据《民法典》第一千一百八十八条第一款的规定，无民事行为能力人、限制民事行为能力人造成他人损害的，由监护人承担民事责任。监护人尽到监护职责的，可以减轻其侵权责任。基于此，本案中，小亮为无行为能力人，对其给鹏鹏造成的损害应由其监护人承担，即应当由小亮的父母承担损害赔偿责任。其次，本案的事故发生在小亮在学校上课期间，据《民法典》第一千一百九十九条的规定：“无民事行为能力人在幼儿园、学校或者其他教育机构学习、生活期间受到人身损害的，幼儿园、学校或者其他教育机构应当承担侵权责任；但是，能够证明尽到教育、管理职责的，不承担侵权责任。”本案中鹏鹏受到侵害，侵权行为发生在学校上课期间，且老师因事外出没有尽到看管责任，对此，学校应当承担赔偿责任。本案中，存在两个责任主体，一个是小亮（具体实施侵权行为的人）的监护人，一个是没有尽到管理职责的学校，两者都需要承担侵权损害赔偿责任，也就是说，应当赔偿鹏鹏的医疗费等费用。

法律条文

《中华人民共和国民法典》

第一千一百八十八条 无民事行为能力人、限制民事行为能力人造成他人损害的，由监护人承担侵权责任。监护人尽到监护职责的，可以减轻其侵权责任。

有财产的无民事行为能力人、限制民事行为能力人造成他人损害的，从本人财产中支付赔偿费用；不足部分，由监护人赔偿。

第一千一百九十九条 无民事行为能力人在幼儿园、学校或者其他教育机构学习、生活期间受到人身损害的，幼儿园、学校或者其他教育机构应当承担侵权责任；但是，能够证明尽到教育、管理职责的，不承担侵权责任。

考虑到未成年人天性好动、喜欢冒险，同时身心方面的发展远未成熟，缺少自我保护的知识和能力，在参加各种活动时极有可能

对自身或者他人造成损害。即便幼儿园、学校等教育机构和教师尽了全部注意义务，也很难杜绝损害的发生。对此，侵权责任法明确界定了幼儿园、学校和其他教育机构的教育、管理职责和相应的侵权责任，这有利于及时有效地解决纠纷，切实保护未成年人的合法权益。

44. 离婚后，不与子女一起生活的父母一方就会与子女解除关系吗？

案例背景

胡某与何某都是农村人，收入都不是很高。双方于2009年登记结婚，婚后生下一男孩，名叫何斌。2019年年初，双方因感情不和，经法院调解离婚。根据调解协议，何斌跟随母亲胡某生活，父亲何某按时给付何斌抚养费。但调解书下达半年后，何某都没有给过何斌抚养费，胡某就带着何斌去找何某，何某却说何斌现在不和自己生活在一起，二人因此也就解除了父子关系，自己没有义务支付抚养费，还告诉胡某和何斌以后不要来骚扰自己。

学法有疑

请问，何某的说法正确吗？

法律讲堂

何某的说法是错误的。《民法典》第一千零八十四条第一款、第二款规定："父母与子女间的关系，不因父母离婚而消除。离婚后，子女无论由父或者母直接抚养，仍是父母双方的子女。离婚后，父母对于子女仍有抚养、教育、保护的权利和义务。"由此可见，离婚后，父母和不与之共同生活的子女的关系不会解除。本案中，何斌虽然和母亲生活在一起，但这并不代表何斌与父亲何某的父子关系就此解除。因此，何某依然有义务支付何斌的抚养费。

法律条文

《中华人民共和国民法典》

第一千零八十四条 父母与子女间的关系，不因父母离婚而消除。离婚后，子女无论由父或者母直接抚养，仍是父母双方的子女。

离婚后，父母对于子女仍有抚养、教育、保护的权利和义务。

离婚后，不满两周岁的子女，以由母亲直接抚养为原则。已满两周岁的子女，父母双方对抚养问题协议不成的，由人民法院根据双方的具体情况，按照最有利于未成年子女的原则判决。子女已满八周岁的，应当尊重其真实意愿。

一句话说法

离婚后父母婚姻关系的解除，并不影响父母与子女之间存有的血亲关系。离婚后，子女无论随父母哪一方生活，仍是父母双方的子女。本法关于父母和子女权利义务的规定仍然适用，不会因父母离婚而受到影响。

45. 子女为结婚让父母搬走，属于违法行为吗？

案例背景

白某与黄某经人介绍相识后相处得很好，于是商量结婚的事情。白某家并不富裕，但白某的父母为了给儿子娶媳妇便把自己住的房子卖了，用卖房的钱给白某盖上了新房。眼看婚期将至，白某却对父母说，女方答应结婚的条件是结婚后不和公婆住在一起，所以父母不能住进新房。白某父母无奈，只好搬去亲戚家住。

学法有疑

白某的这种做法违法吗？

法律讲堂

白某的行为属于违法行为。父母对子女有抚养的义务，子女对父母有赡养的义务。子女对父母的赡养包括为父母提供必要的物质生活条件和精神生活条件。有关老年人住房方面，《老年人权益保障法》第十六条明确规定，赡养人应当妥善安排老年人的住房，不得强迫老年人居住或者迁居条件低劣的房屋。白某的父母倾尽自己的所有给白某盖房子娶媳妇，可白某为了结婚让无依无靠的父母搬出去，这不仅违反了道德，更触犯了我国的法律，其恶劣的行为会受到法律的制裁。

法律条文

《中华人民共和国老年人权益保障法》

第十六条 赡养人应当妥善安排老年人的住房，不得强迫老年人居住或者迁居条件低劣的房屋。

老年人自有的或者承租的住房，子女或者其他亲属不得侵占，不得擅自改变产权关系或者租赁关系。

老年人自有的住房，赡养人有维修的义务。

第七十七条 家庭成员盗窃、诈骗、抢夺、侵占、勒索、故意损毁老年人财物，构成违反治安管理行为的，依法给予治安管理处罚；构成犯罪的，依法追究刑事责任。

一句话说法

保障一个人的基本生活条件，就要保障其基本的衣食住行。当父母年事已高时，儿女有义务保障父母的衣食住行，这是赡养义务的体现，也是基本的道德要求。该法条的规定充分保障了老年人作为弱势群体对房屋的所有权以及自己拥有的不动产权利。

46. 儿子帮父母种地，能否将收益占为己有？

案例背景

徐大妈是农村人，老伴儿几年前就去世了，有一个儿子叫王辉，早已成家。徐大妈怕拖累儿子，这几年来都是一个人种自己的那几亩地。但最近，徐大妈生病了，不能再下地干活，就拜托儿子王辉耕种自己的地。等到秋收的时候，徐大妈一直不见儿子给自己送粮食过来，就去儿子家询问情况。徐大妈的儿媳妇刘某称："谁种地收益归谁，你想要粮食自己种去。"徐大妈一听非常伤心，无奈之下只能离去。

学法有疑

那么，儿媳妇刘某说的对吗？

法律讲堂

刘某的说法是错误的。父母是未成年子女的法定监护人，子女为年迈父母的法定监护人。孝敬父母是子女的责任和义务，子女在父母年老后应履行好监护人的责任。对于老人的土地的管理和收益的归属问题，《老年人权益保障法》第十七条规定，赡养人有义务耕种或者委托他人耕种老年人承包的田地，照管或者委托他人照管老年人的林木和牲畜等，收益归老年人所有。本案中，儿子王辉作为徐大妈的赡养人，有义务耕种老人的田地，但是耕地上的收成仍归徐大妈所有，刘某拒绝给予老人收益的行为已经违反了我国的法律规定。

法律条文

《中华人民共和国老年人权益保障法》

第十七条 赡养人有义务耕种或者委托他人耕种老年人承包的田地，照管或者委托他人照管老年人的林木和牲畜等，收益归老年人所有。

由老人承包的田地产生的收益，在老人去世以前只归老人所有。子女在对老人尽赡养义务时应该明白的一点是，赡养义务与老人的财产是两个法律概念，并不是说你尽了赡养义务就可以取得老人的不动产及其收益。

47. 被收养的孩子与其亲生父母还有关系吗？

案例背景

杨某家住在偏远的山村，家庭困难的他无力抚养三个儿女，因此将小女儿送给别人抚养。这两年，杨某家里的条件逐渐好了起来，也攒了一些钱，于是想把女儿认领回来，毕竟是自己亲生的。杨某找到抚养女儿的田某说起这件事情时，却遭到了拒绝。田某称，自己是合法收养孩子的，现在不可能再将孩子还给杨某，并且孩子现在已经和杨某没有关系了。

学法有疑

那么，杨某能将女儿认领回来吗？自己的孩子被别人收养后，孩子与自己还有关系吗？

法律讲堂

杨某与这个被别人领养的女儿之间已经没有权利义务关系了。根据《民法典》第一千一百一十一条的规定，自收养关系成立之日起，养子女与生父母以及其他近亲属间的权利义务关系，因收养关系的成立而消除。本案中杨某的女儿被依法收养后，她与其亲生父母的权利义务关系就归于消除。所以，杨某想单方面认领孩子是不可能的。

法律条文

《中华人民共和国民法典》

第一千一百一十一条 自收养关系成立之日起，养父母与养子女间的权利义务关系，适用本法关于父母子女关系的规定；养子女与养父母的近亲属间的权利义务关系，适用本法关于子女与父母的近亲属关系的规定。

养子女与生父母以及其他近亲属间的权利义务关系，因收养关系的成立而消除。

子女与生父母的权利和义务关系随着收养关系的建立而消除，生父母单方面认领孩子的行为不能够得到法律的支持。

48. 年纪大就不能继承遗产吗？

案例背景

张大爷的老伴儿前几天因突发脑溢血去世，家里就剩下张大爷一个孤苦伶仃的老人。张大爷的两个儿子都已经结婚，因为觉得张大爷一个人在家孤单，没人照顾，于是两个儿子商量两家轮流赡养老人，张大爷也同意了。之后小儿子提出因为母亲已经去世，并且父亲开始由两个孩子赡养，所以可以对母亲的遗产进行分割。但是在两个儿子商量的分割方案里面并没有给张大爷分配其妻子的遗产，因为他们觉得张大爷自己的财产够平时零花，并且张大爷的年纪也大了，又有孩子赡养，所以就不用分割遗产了。

学法有疑

张大爷年龄大就不能继承遗产了吗？继承遗产与年纪有关系吗？

法律讲堂

继承遗产和年纪大小是没有关系的。根据《民法典》第一千一百二十七条的规定，遗产的第一顺序继承人是配偶、子女和父母，这些人在被继承人死后均有权利继承遗产。此外，《老年人权益保障法》第二十二条第二款规定："老年人有依法继承父母、配偶、子女或者其他亲属遗产的权利，有接受赠与的权利。子女或者其他亲属不得侵占、抢夺、转移、隐匿或者损毁应当由老年人继承或者接受赠与的财产。"

本案中，针对张大爷老伴儿留下的遗产，按照法律规定张大爷是合法的第一顺序的继承人，其有权继承老伴儿留下的财产。两个儿子以其年纪大剥夺其继承遗产的权利是违反我国法律规定的，是为法律所不容许的。

法律条文

《中华人民共和国民法典》

第一千一百二十七条 遗产按照下列顺序继承：

（一）第一顺序：配偶、子女、父母；

（二）第二顺序：兄弟姐妹、祖父母、外祖父母。

继承开始后，由第一顺序继承人继承，第二顺序继承人不继承；没有第一顺序继承人继承的，由第二顺序继承人继承。

本编所称子女，包括婚生子女、非婚生子女、养子女和有扶养关系的继子女。

本编所称父母，包括生父母、养父母和有扶养关系的继父母。

本编所称兄弟姐妹，包括同父母的兄弟姐妹、同父异母或者同母异父的兄弟姐妹、养兄弟姐妹、有扶养关系的继兄弟姐妹。

《中华人民共和国老年人权益保障法》

第二十二条第二款 老年人有依法继承父母、配偶、子女或者其他亲属遗产的权利，有接受赠与的权利。子女或者其他亲属不得侵占、抢夺、转移、隐匿或者损毁应当由老年人继承或者接受赠与的财产。

一句话说法

继承权是自然人基于一定的身份关系享有的权利，并且依照法律的直接规定或者合法有效的遗嘱而享有。法律层面上分顺序继承，当第一顺位的继承人存在时，第二顺位的继承人的继承权就不会启动。只要有遗产，并且是顺位内的继承人，即使是老人也能够继承，任何人都不能剥夺其继承权。

49. 父子断绝关系后，子女就可以不用履行赡养义务了吗?

案例背景

陈某的父母都是老实本分的农村人，陈某是他们的独生子，从小就是被家里娇生惯养长大的。陈某成年后无所事事，不学无术，父亲对其非常失望，多次教导无果，陈某甚至因厌烦父亲的教导与父亲发生了争吵。父亲生气地说要和陈某断绝关系，从此以后陈某不再是他的孩子。但后来，老两口儿还是心疼陈某，每个月都会给陈某寄500元生活费。后陈某的父母身体状况欠佳，要求儿子尽赡养义务，陈某说因为父母早已经和自己断绝了关系，所以自己现在没有赡养父母的义务。

学法有疑

父子断绝关系后，子女就可以不用履行赡养义务了吗？

法律讲堂

父母子女关系是一种自然的血缘关系，它只能因死亡或子女被他人依法收养而终止，除此之外并不能人为地消除或改变。本案中，陈某的父亲声称与其断绝关系不过是因为一时气愤、失望所做出的冲动决定，而且陈某父亲虽声称与其解除父子关系，但并没有就此完全不顾及陈某的死活，仍给陈某生活费用，实际是以另一种方式对他尽了抚养的义务。因此，他们之间的父子关系仍然存在。

陈某的父母年老后，陈某具有赡养扶助的能力，根据法律规定其也应该履行对父母的赡养扶助义务。陈某的父母有权利要求陈某赡养他们或给付赡养费。如果陈某拒绝履行，陈某的父母可以请村民委员会调解，或者直接向人民法院起诉，要求陈某履行。

法律条文

《中华人民共和国民法典》

第一千零六十七条　父母不履行抚养义务的，未成年子女或者不能独立生活的成年子女，有要求父母给付抚养费的权利。

成年子女不履行赡养义务的，缺乏劳动能力或者生活困难的父母，有要求成年子女给付赡养费的权利。

儿女对父母的赡养义务是法定的，并且在我国血亲关系不是一张纸或一句声明就能解除的。即使父母没有尽到抚养义务，作为子女在父母年老时也应当履行自己对父母的赡养义务，否则就违反了国家法律。

50. 老年人想要再婚，子女有权利干涉吗？

案例背景

老王的妻子在孩子们未成年时就因病去世了，老王为了孩子们上学不受影响一直没有再娶。等孩子们都成家后，经人介绍，老王和邻村的老太太张某相识，两人很谈得来。老王想着孩子们都成家了，自己应该找个老伴儿了。但是，当老王将此事告知孩子们时，孩子们却不同意，说他们可以照顾老王，还说张某是冲着老王的钱来的，说什么也不同意老王再婚，并且说如果老王再婚，以后就不给老王养老。

学法有疑

老王可以再婚吗？子女有权干涉老王再婚吗？

法律讲堂

根据《民法典》第一千零六十九条规定："子女应当尊重父母的婚姻权利，不得干涉父母离婚、再婚以及婚后的生活。子女对父母的赡养义务，不因父母的婚姻关系变化而终止。"本案中，老王是否再婚是由其自己决定的，子女不得干涉。子女不得因为老王再婚就不对老王尽赡养义务。

法律条文

《中华人民共和国民法典》

第一千零六十九条 子女应当尊重父母的婚姻权利，不得干涉父母离婚、再婚以及婚后的生活。子女对父母的赡养义务，不因父母的婚姻关系变化而终止。

婚姻自由是每个公民都应该享有的权利，只要是达到法定年龄的完全民事行为能力人，都有选择自己结婚与否以及结婚对象的权利，不受任何人的干涉。子女不能因为父母老了就说其不可以离婚、再婚，并且以此为借口不尽赡养义务。

51. 夫妻离婚时，能否因为妻子已经绝育就将孩子的抚养权交给妻子？

案例背景

赵某与妻子张某是同村人，两人从小就认识，长大后相互喜欢就自然地走到了一起，之后很快便结了婚，婚后生有一子。生完第一个孩子后，两人商量着不再要孩子了，于是张某就做了绝育手术。婚后第五年，两人感情出现矛盾，经常吵架，便决定离婚。两人因为争夺孩子抚养权的问题闹上了法庭，张某认为自己已经做了绝育手术，孩子应该跟随自己。

学法有疑

那么，法院会因此照顾张某吗？

法律讲堂

法院会照顾张某的。女性群体在社会中一直处于弱势，我国基于对女性权益的保护，在多部法律法规中都有保护妇女和儿童权益的特别规定。《妇女权益保障法》第五十条明确规定，离婚时，女方因实施绝育手术或者其他原因丧失生育能力的，处理子女抚养问题，应在有利于子女权益的条件下，照顾女方的合理要求。同时《最高人民法院关于人民法院审理离婚案件处理子女抚养问题的若干具体意见》也明确指出，对于两周岁以上的孩子，父母均要求随其生活时，要优先考虑已做绝育手术或因其他原因丧失生育能力一方的合理要求。在本案中，张某在生育第一个孩子后，就做了绝育手术，以后不能再生育子女。针对这种情况，法院会基于法律的有关规定，根据张某的要求，酌情照顾。

法律条文

《中华人民共和国妇女权益保障法》

第五十条 离婚时，女方因实施绝育手术或者其他原因丧失生育能力的，处理子女抚养问题，应在有利子女权益的条件下，照顾女方的合理要求。

《最高人民法院关于适用〈中华人民共和国民法典〉婚姻家庭编的解释（一）》

第四十六条 对已满两周岁的未成年子女，父母均要求直接抚养，一方有下列情形之一的，可予优先考虑：

（一）已做绝育手术或者因其他原因丧失生育能力；

（二）子女随其生活时间较长，改变生活环境对子女健康成长明显不利；

（三）无其他子女，而另一方有其他子女；

（四）子女随其生活，对子女成长有利，而另一方患有久治不愈的传染性疾病或者其他严重疾病，或者有其他不利于子女身心健康的情形，不宜与子女共同生活。

当离婚事件发生时，子女抚养问题往往非常难以决断，如果夫妻双方都想让孩子跟随自己生活，法院可以本着照顾不能生育一方的原则，在不影响孩子身心健康的前提下，将孩子的抚养权交给不能生育的一方。

52. 夫妻离婚后，享有抚养权的一方有权不让另一方见孩子吗?

案例背景

何某与刘某都是地地道道的农村人，2019 年 4 月，两人因为感情破裂离婚，离婚后女儿晓晴跟随父亲何某一起生活。但每次孩子的母亲刘某想见晓晴时，何某都不准晓晴见母亲。晓晴和父亲说自己非常想念母亲，但何某对晓晴说现在晓晴的抚养权在他手里，他有权决定不让晓晴和刘某见面。

学法有疑

那么，何某的做法对吗？

法律讲堂

何某不能阻止孩子的母亲见孩子。根据我国法律规定，除了子女被其他人合法收养，父母与子女的关系不会改变，即使夫妻双方离婚，婚姻关系结束，他们与子女之间的亲子关系也不会结束。夫妻双方离婚后，不与子女共同生活的一方有探望子女的权利，与子女共同生活的一方应当协助。除享有探望权的一方的行为有损子女的权利和成长外，任何人不得剥夺其探望权。

本案中，虽然何某与刘某离婚了，但是刘某与晓晴的母女关系不会随着婚姻关系的结束而结束。作为孩子的母亲，刘某当然有权探望孩子，这是法律赋予刘某的权利，任何人不能剥夺这一权利。即使刘某的探望会给孩子带来不利的影响，何某想中止刘某的探望权也只能依法向法院提出中止刘某探望的申请，不能私自阻挠刘某与孩子会面。

法律条文

《中华人民共和国民法典》

第一千零八十六条　离婚后，不直接抚养子女的父或者母，有探望子女的权利，另一方有协助的义务。

行使探望权利的方式、时间由当事人协议；协议不成的，由人民法院判决。

父或者母探望子女，不利于子女身心健康的，由人民法院依法中止探望；中止的事由消失后，应当恢复探望。

一句话说法

父母婚姻关系的终结并不改变父母与子女的血缘关系。在发生探望权纠纷时，首要的救济方式是双方当事人的协商。当双方无法就上述事宜达成一致时，可以请求人民法院作出判决。

53. 离婚后，女方有权在没有经过男方同意的情况下擅自变更孩子的姓名吗？男方是否有权要求其恢复？

案例背景

童某与丈夫李某都是农村人，二人在结婚后生有一子取名叫李阳。后来，李某进城打工时发生外遇，童某因此与李某离了婚。二人离婚后，李阳一直跟着母亲童某生活。一年后，童某觉得孩子现在已经和自己生活了，为了让孩子与父亲不再有瓜葛，在未经过李某同意的情况下决定给孩子改名叫童阳。李某听说此事后非常生气，要求童某恢复孩子的原名。

学法有疑

离婚后，女方有权在没有经过男方同意的情况下擅自变更孩子的姓名吗？男方是否有权要求其恢复？

法律讲堂

根据《民法典》第一千零一十五条的规定可知，在一般情况下，自然人应当随父姓或者母姓。《公安部关于父母离婚后子女姓名变更有关问题的批复》称："对于离婚双方未经协商或协商未达成一致意见而其中一方要求变更子女姓名的，公安机关可以拒绝受理；对一方因向公安机关隐瞒离婚事实，而取得子女姓名变更的，若另一方要求恢复其子女原姓名且离婚双方协商不成，公安机关应予以恢复。"由此可见，父母有决定子女姓名的权利，子女既可以随父姓，也可以随母姓。但是如果夫妻双方离婚，一方请求变更子女姓名的，必须经过另一方的同意，否则另一方有权要求恢复子女的原姓名。因此，本案中李某有权要求童某改回儿子的名字。

法律条文

《中华人民共和国民法典》

第一千零一十五条 自然人应当随父姓或者母姓，但是有下列情形之一的，可以在父姓和母姓之外选取姓氏：

（一）选取其他直系长辈血亲的姓氏；

（二）因由法定扶养人以外的人扶养而选取扶养人姓氏；

（三）有不违背公序良俗的其他正当理由。

少数民族自然人的姓氏可以遵从本民族的文化传统和风俗习惯。

《公安部关于父母离婚后子女姓名变更有关问题的批复》

根据最高人民法院《关于变更子女姓氏问题的复函》（［81］法民字第11号）的有关精神，对于离婚双方未经协商或协商未达成一致意见而其中一方要求变更子女姓名的，公安机关可以拒绝受理；对一方因向公安机关隐瞒离婚事实，而取得子女姓名变更的，若另一方要求恢复其子女原姓名且离婚双方协商不成，公安机关应予以恢复。

父母有决定子女姓名的权利，子女可由随父姓改为随母姓，或由随母姓改为随父姓。但是任何更改姓名的行为均不得违反法律的相关规定。如果夫妻双方离婚，一方擅自变更子女姓名的，另一方有权要求恢复子女的原姓名。

54. 子女可以以物价上涨为由要求与母亲离婚的父亲增加生活费吗?

案例背景

王某与丈夫肖某是一个村的，两人结婚后生有一子名叫肖鹏。在肖鹏8岁那年，王某与肖某因为感情破裂离婚了。离婚后，王某一个人独自抚养孩子。后来王某下岗，只能靠做一些零活挣钱维持母子两人的生活，再加上物价上涨，母子两人生活得很艰难。肖鹏不愿意母亲每天都辛辛苦苦的，于是便找到父亲要求其增加给自己的抚养费，但是遭到了父亲的拒绝。

学法有疑

肖鹏可以以物价上涨为由要求父亲增加生活费吗?

法律讲堂

《民法典》第一千零八十五条第二款可知，关于子女生活费和教育费的协议或判决，不妨碍子女在必要时向父母任何一方提出超过协议或判决原定数额的合理要求。由此可见，由于物价上涨，子女是可以要求父母增加生活费的。但此增加不能是狮子大开口，必须是一个合理的数额。本案中肖鹏有权要求父亲增加生活费，这是其所享有的权利，其父亲无权拒绝。

法律条文

《中华人民共和国民法典》

第一千零八十五条 离婚后，子女由一方直接抚养的，另一方应当负担部分或者全部抚养费。负担费用的多少和期限的长短，由双方协议；协议不成的，由人民法院判决。

前款规定的协议或者判决，不妨碍子女在必要时向父母任何一方提出超过协议或者判决原定数额的合理要求。

一句话说法

随着人们对物质生活要求的提高，以及社会整体消费水平的提升，子女在各方面的需求也日渐增加，父母双方离婚时确定的原抚养费的数额也应随之有所变化。因此，法律赋予子女可根据实际情况向父母任何一方提出超过原定数额抚养费的要求。也就是说，抚养费数额在一定条件下是可以变更的。

55. 离婚后，夫妻双方可以在离婚协议中约定轮流抚养孩子吗?

案例背景

小明的父母都是农村人，在小明10岁那年，小明的父亲便进城去打工，回家时间很少，只是按时给家里寄钱。小明的母亲因此一直埋怨小明的父亲，后来两人感情出现矛盾，最后导致离婚。但是两人考虑到小明还小，不想因为父母离婚对小明造成不好的影响，因此两人约定轮流抚养小明。

学法有疑

离婚后，夫妻双方可以在离婚协议中约定轮流抚养孩子吗?

法律讲堂

根据《民法典》第一千零七十八条的相关规定，夫妻双方只要适当安排了子女的抚养问题和财产问题，就应准予离婚。而在处理子女的抚养问题上，只要有利于保护子女利益，能使子女的身心健康成长，法律并不禁止离婚父母协商轮流抚养子女。《最高人民法院关于人民法院审理离婚案件处理子女抚养问题的若干具体意见》对此也作了明确规定，即“在有利于保护子女利益的前提下，父母双方协议轮流抚养子女的，可予准许”。这就是说，只要父母双方在离婚时协商一致，且这样做有利于维护子女的利益，子女可以由双方轮流抚养。

法律条文

《中华人民共和国民法典》

第一千零七十八条 婚姻登记机关查明双方确实是自愿离婚，

并已经对子女抚养、财产以及债务处理等事项协商一致的，予以登记，发给离婚证。

《最高人民法院关于适用〈中华人民共和国民法典〉婚姻家庭编的解释（一）》

第四十八条 在有利于保护子女利益的前提下，父母双方协议轮流直接抚养子女的，人民法院应予支持。

父母双方轮流抚养子女的，一般需要由双方当事人达成协议，由人民法院认可。采用这种抚养方式，需要一定的客观条件，应当有利于子女的健康成长和保护其合法权益。

56. 夫妻离婚后，是否有权变更孩子的抚养权？

案例背景

小蕊从小生长在农村，父母在其4岁时因感情破裂离婚，小蕊跟随母亲生活。2019年5月，小蕊的母亲被诊断出患有严重的心脏病，无力再继续抚养小蕊。小蕊的母亲为了小蕊不再跟着自己受苦，于是向法院提起了诉讼，要求将小蕊的抚养权交给小蕊的父亲。

学法有疑

那么，法院会支持这个请求吗？

法律讲堂

法院会支持小蕊母亲的请求的。我国法律有明确规定，与子女共同生活的一方因患严重疾病或因伤残无力继续抚养子女的，法院会依照当事人的诉讼请求，变更子女抚养权。本案中小蕊母亲的身体状况已经不允许她再继续抚养孩子，法院会依法支持其诉讼请求。

法律条文

《最高人民法院关于适用〈中华人民共和国民法典〉婚姻家庭编的解释（一）》

第五十五条 离婚后，父母一方要求变更子女抚养关系的，或者子女要求增加抚养费的，应当另行提起诉讼。

第五十六条 具有下列情形之一，父母一方要求变更子女抚养关系的，人民法院应予支持：

（一）与子女共同生活的一方因患严重疾病或者因伤残无力继续抚养子女；

（二）与子女共同生活的一方不尽抚养义务或有虐待子女行为，或者其与子女共同生活对子女身心健康确有不利影响；

（三）已满八周岁的子女，愿随另一方生活，该方又有抚养能力；

（四）有其他正当理由需要变更。

一句话说法

当直接抚养子女的一方当事人无力抚养或是继续抚养已不利于子女的健康成长时，本着为被抚养人利益的考虑，一方当事人可以请求法院变更该子女的抚养权，人民法院对此请求应该予以支持。

57. 外祖父母是否对父母双亡的外孙子女有抚养的义务?

案例背景

阳阳今年5岁了，其父母在城里打工，阳阳一直跟随外祖父母在农村生活。某日，阳阳的父母在回家探亲的路上不幸发生车祸，经抢救无效相继去世。阳阳从此变成了无父无母的孩子。阳阳的父母死后，阳阳的外祖父母表示愿意承担起抚养阳阳的责任，但阳阳的舅舅认为毕竟老人年龄大了，即使阳阳的父母去世，阳阳的外祖父母也没有抚养阳阳的义务。

学法有疑

那么，阳阳舅舅的说法对吗?

法律讲堂

当父母已经死亡或父母无力抚养子女时，祖父母或外祖父母如有负担能力，应履行抚养的义务。对此，《民法典》第一千零七十四条第一款规定:“有负担能力的祖父母、外祖父母，对于父母已经死亡或者父母无力抚养的未成年孙子女、外孙子女，有抚养的义务。”所以，阳阳舅舅的说法是错误的，阳阳的外祖父母有能力也愿意抚养阳阳，在阳阳的父母过世后，应当履行抚养阳阳的义务。

法律条文

《中华人民共和国民法典》

第一千零七十四条　有负担能力的祖父母、外祖父母，对于父母已经死亡或者父母无力抚养的未成年孙子女、外孙子女，有抚养的义务。

有负担能力的孙子女、外孙子女，对于子女已经死亡或者子女无力赡养的祖父母、外祖父母，有赡养的义务。

一句话说法

祖父母和外祖父母对失去双亲的孙子女和外孙子女承担抚养义务，是建立在祖父母和外祖父母具有抚养能力的基础之上的。如果祖父母和外祖父母没有抚养能力，则不需要承担相应的抚养义务。

58. 法律是否保护收养关系当事人要求互相保守收养秘密的行为？

案例背景

张某与妻子李某都是农村人，家庭经济状况在村里算得上是很不错的，唯一让张某遗憾的是妻子李某一直怀不上孩子，家里的老人也非常着急抱孙子。于是，张某决定收养一个孩子。张某经过四处打听，收养了隔壁村王某家不满一周岁的小儿子。双方经过协商后达成一致，并且约定无论在任何情况下双方都不能将孩子的身世说出来。一晃20年过去了，张某当时收养的孩子也变成了大小伙子。一天，王某意外地看到了自己的亲生儿子，一时激动就把当初的事情说了出来。孩子回家后对张某大吵大闹，觉得张某一直在骗自己。张某认为王某违反了当初的约定，一气之下将王某告上法庭，要求其赔偿精神损失费。

学法有疑

那么，法院会支持张某的诉讼请求吗？

法律讲堂

收养行为在一定程度上属于公民的个人隐私，为此《民法典》第一千一百一十条专门作了有关保密的规定："收养人、送养人要求保守收养秘密的，其他人应当尊重其意愿，不得泄露。"《最高人民法院关于确定民事侵权精神损害赔偿责任若干问题的解释》第二条规定："非法使被监护人脱离监护，导致亲子关系或者近亲属间的亲属关系遭受严重损害，监护人向人民法院起诉请求赔偿精神损害的，人民法院应当依法予以受理。"据此，张某可以依法提起对王某违反保密约定、泄露其子被收养这一事实的侵权诉讼，法院会支持张某的诉讼请求。

法律条文

《中华人民共和国民法典》

第一千一百一十条 收养人、送养人要求保守收养秘密的，其他人应当尊重其意愿，不得泄露。

《最高人民法院关于确定民事侵权精神损害赔偿责任若干问题的解释》

第二条 非法使被监护人脱离监护，导致亲子关系或者近亲属间的亲属关系遭受严重损害，监护人向人民法院起诉请求赔偿精神损害的，人民法院应当依法予以受理。

按照法律规定，收养人有权要求保守收养秘密，其他任何人都不得泄露该收养秘密。因泄密导致亲子关系受到严重损害的，监护人有权向人民法院请求精神损害赔偿。

59. 自己帮无力抚养子女的亲友抚养子女，属于收养行为吗？

案例背景

强强的父母都是农村人，强强的父亲因车祸导致双腿高位截肢，这两年来一直瘫痪在床，家里的一切都由强强的母亲支撑。某日，强强的母亲由于操劳过度患疾病去世，随后父亲因伤心过度自杀。小小年纪的强强并没有照顾自己的能力，于是和强强父母关系一直都很好的范某决定将强强接到自己家中抚养，直到强强成年。

学法有疑

那么，强强与范某之间形成收养关系了吗？

法律讲堂

强强与强强父母的好友范某之间没有形成收养关系。根据《民法典》第一千一百零七条的规定，抚养亲戚朋友的孩子不属于收养行为，他们之间不适用收养关系。

法律条文

《中华人民共和国民法典》

第一千一百零七条 孤儿或者生父母无力抚养的子女，可以由生父母的亲属、朋友抚养；抚养人与被抚养人的关系不适用本章规定。

一句话说法

收养和抚养是不同的法律行为，收养关系反映的是收养人与被收养人之间的父母子女关系。收养关系的成立必须符合法律规定的条件，不是任何帮他人照顾孩子的行为都能构成收养行为，帮助亲朋好友抚养子女的行为不构成收养关系。

60. 子女有权订立分开赡养父母的协议吗？面对这种情况，老人应该怎么做？

案例背景

冯某与老伴儿田某今年都已经快80岁了，因年纪大了，行动也很不便，所以子女商量决定轮流赡养老人。冯某夫妇有两个儿子，虽说都生活在一个村子里，但是两家离得很远。两个儿子觉得让父母轮流去两家生活太麻烦，所以就订立了一份协议，约定让父亲去老大家住，母亲去老二家住。实际上冯某与老伴儿田某内心并不同意，毕竟老两口儿在一起生活了一辈子，但又觉得毕竟是在儿子家住，不想给儿子们添麻烦，就不好再说什么。但两位老人到孩子家里后并没有受到很好的赡养，还得经常给孩子们干活。

学法有疑

子女有权订立分开赡养父母的协议吗？面对这种情况，老人应该怎么做？

法律讲堂

《宪法》《民法典》都有明确规定，成年子女有赡养、扶助父母的义务。而根据《老年人权益保障法》第十四条、第二十条的规定，赡养人应当履行对老年人经济上供养、生活上照料和精神上慰藉的义务，并照顾老年人的特殊需要。赡养人之间可以就履行赡养义务签订协议，但必须征得老年人同意，并确保赡养协议的内容不得违反法律的规定和老人的意愿。本案中，冯某夫妇的两个儿子与父母签订分开赡养协议，并非出于冯某及其老伴儿田某的自愿，且冯某的两个儿子没有切实履行对父母经济上供养、生活上照料和精神上慰藉的义务，因此该协议无效。冯某可以要求两个儿子给付赡养费，也可以要求到其中一个儿子家居住，另一个儿子给付赡养费。如果两个儿子仍不履行赡养义务，则冯某夫妇可以向当地的基层人民法院提起诉讼，要求其履行赡养义务。

法律条文

《中华人民共和国民法典》

第一千零六十七条第二款 成年子女不履行赡养义务的，缺乏劳动能力或者生活困难的父母，有要求成年子女给付赡养费的权利。

《中华人民共和国老年人权益保障法》

第十四条第一款 赡养人应当履行对老年人经济上供养、生活上照料和精神上慰藉的义务，照顾老年人的特殊需要。

第十九条 赡养人不得以放弃继承权或者其他理由，拒绝履行赡养义务。

赡养人不履行赡养义务，老年人有要求赡养人付给赡养费等权利。

赡养人不得要求老年人承担力不能及的劳动。

第二十条 经老年人同意，赡养人之间可以就履行赡养义务签订协议。赡养协议的内容不得违反法律的规定和老年人的意愿。

基层群众性自治组织、老年人组织或者赡养人所在单位监督协议的履行。

一句话说法

育有两个以上子女的老年人，可依据子女不同的经济条件，要求子女们共同负担赡养费用。经济条件较好的子女应当自觉、主动地承担较大的责任。赡养人之间可以就履行赡养义务签订协议，但必须征得老年人的同意。

第7章 继承问题

61. 侄子可以继承大伯的遗产吗?

案例背景

大刘的大伯刘老汉一生未娶，大刘的父亲是刘老汉唯一的亲人。几年前，在大刘的父亲去世后，大刘看到刘老汉无人照料、孤身一人，便把大伯当作自己父亲一样去照料，他经常去刘老汉家做家务，照顾刘老汉的饮食起居，想让大伯的晚年过得舒适一点。后来，大伯年老去世，留下了一套房子，无人继承。大刘想知道自己是否有继承权。

学法有疑

那么，大刘可以继承大伯的房子吗?

法律讲堂

《民法典》第一千一百二十七条第一款、第二款规定："遗产按照下列顺序继承：（一）第一顺序：配偶、子女、父母；（二）第二顺序：兄弟姐妹、祖父母、外祖父母。继承开始后，由第一顺序继承人继承，第二顺序继承人不继承；没有第一顺序继承人继承的，由第二顺序继承人继承。"第一千一百二十八条第一款、第二款规定："被继承人的子女先于被继承人死亡的，由被继承人的子女的直系晚辈血亲代位继承。被继承人的兄弟姐妹先于被继承人死亡的，由被继承人的兄弟姐妹的子女代位继承。"也就是说，遗产应当按照一定的顺序继承，被继承人没有子女、配偶、父母或者以上继承人放弃继承的情况下，才会由第二顺序的兄弟姐妹、祖父母、外祖父母继承遗产。同时，如果被继承人的兄弟姐妹先于被继承人死亡的，由被继承人的兄弟姐妹的子女代位继承。

在上面的案例中，刘老汉没有媳妇、儿女，只有弟弟一个继承人，在弟弟先于自己死亡的情况下，弟弟的儿子大刘可以代位继承自己的遗产。也就是说，大刘可以继承刘老汉的房子。

法律条文

《中华人民共和国民法典》

第一千一百二十七条 遗产按照下列顺序继承：

（一）第一顺序：配偶、子女、父母；

（二）第二顺序：兄弟姐妹、祖父母、外祖父母。

继承开始后，由第一顺序继承人继承，第二顺序继承人不继承；没有第一顺序继承人继承的，由第二顺序继承人继承。

本编所称子女，包括婚生子女、非婚生子女、养子女和有扶养关系的继子女。

本编所称父母，包括生父母、养父母和有扶养关系的继父母。

本编所称兄弟姐妹，包括同父母的兄弟姐妹、同父异母或者同母异父的兄弟姐妹、养兄弟姐妹、有扶养关系的继兄弟姐妹。

第一千一百二十八条 被继承人的子女先于被继承人死亡的，由被继承人的子女的直系晚辈血亲代位继承。

被继承人的兄弟姐妹先于被继承人死亡的，由被继承人的兄弟姐妹的子女代位继承。

代位继承人一般只能继承被代位继承人有权继承的遗产份额。

在《民法典》颁布前，我国继承制度中的代位继承只发生在直系亲属之间，即孙子女辈代替先去世的父母辈来继承祖父母辈的财

产。《民法典》颁布后，将“侄、甥”纳入了代位继承的范围。这样的规定更符合中华民族的传统，有利于家庭范围内亲情的维系和财富的传承。

62. 继子女有权继承家庭财产吗?

案例背景

杨某是某村村民,儿子明明3岁时丈夫就去世了。后经人介绍,杨某认识了邻村的李某,两人很快结婚,结婚后又先后生了两个儿子李强和李海。前不久,李某突发疾病去世,留下了一笔遗产,而李强和李海认为明明不是李某亲生的孩子,没有继承遗产的权利。但明明不这样认为,明明称虽然自己不是父亲所生,但这几十年以来,父亲对自己和亲生的没什么区别,并且两人之间早就形成了抚养关系,因此自己有权继承李某留下的遗产。

学法有疑

那么，明明有权继承李某留下的遗产吗？

法律讲堂

明明有权利继承李某留下的遗产。《民法典》第一千一百二十七条第三款中明确规定，法定继承中所指的子女，包括婚生子女、非婚生子女、养子女和有扶养关系的继子女。明明因生母杨某与李某结婚而成为李某的继子，且一直跟随杨某与李某生活，形成了抚养关系，依法享有继承权。

法律条文

《中华人民共和国民法典》

第一千一百二十七条第三款 本编所称子女，包括婚生子女、非婚生子女、养子女和有扶养关系的继子女。

继承法中的子女包括：（一）婚生子女，是指有合法婚姻关系的男女所生育的子女。（二）非婚生子女，是指不具有合法婚姻关系的男女所生育的子女。（三）养子女，是指因收养关系成立而与养父母发生拟制血亲的父母子女关系的子女。（四）继子女，是指妻与前夫或夫与前妻所生的子女。继子女与继父母的关系，是因为父母一方死亡后另一方再婚，或者父母离婚后一方或双方再婚，子女与父亲或母亲的再婚配偶共同生活而形成的。

63. 自愿赡养孤寡老人的，赡养者在继承发生时能否分得适当的遗产？

案例背景

张孙氏是一位孤寡老人，年近八十，无亲无眷独自生活。同村的钱某心地善良，看到老人独自生活很艰难，便自告奋勇经常照顾张孙氏，直至张孙氏去世。张孙氏去世后，留下了一些遗产，张孙氏的娘家侄子孙某前来要求继承遗产。该村委会认为张孙氏留下的遗产应当分给钱某一部分，但孙某说钱某不是张孙氏的亲属，没有权利分得遗产。

学法有疑

自愿赡养孤寡老人的，赡养者在继承发生时能否分得适当的遗产？

法律讲堂

根据《民法典》的规定，遗产按照下列顺序继承：第一顺序是配偶、子女、父母，第二顺序是兄弟姐妹、祖父母、外祖父母。继承人以外的对被继承人扶养较多的人，可以分给他们适当的遗产；无人继承又无人受遗赠的遗产，死者生前是集体所有制组织成员，归所在集体所有制组织所有。本案中，孙某不在法定继承人范围之内，没有张孙氏的遗嘱指定，对张孙氏又未尽过什么义务，因而没有任何权利分得张孙氏的遗产。同时，根据《民法典》相关规定，履行了赡养义务是享有继承权的实质要件。因此，本案中的钱某虽然不是继承人，但对被继承人尽了赡养义务，依法可以分得适当的遗产，而其余无人继承又无人受遗赠的部分，应当归该村村民委员会所有。

法律条文

《中华人民共和国民法典》

第一千一百三十一条 对继承人以外的依靠被继承人扶养的人，或者继承人以外的对被继承人扶养较多的人，可以分给适当的遗产。

第一千一百六十条 无人继承又无人受遗赠的遗产，归国家所有，用于公益事业；死者生前是集体所有制组织成员的，归所在集体所有制组织所有。

当继承人以外的人对被继承人在经济上或者生活上尽了赡养义务的，可以分得适当的遗产。这种赡养不是法律上必须履行的义务，而是出于道德心，是自觉自愿提供了帮助。法律为了鼓励和保护这种行为，明确规定在此种情况下赡养者可以适当分得被继承人的遗产。

64. 遗嘱人订立遗嘱后，其他人可以对遗嘱进行变更吗？

案例背景

夏某有两个女儿，妻子在生小女儿时因大出血去世。夏某独自一人将两个女儿养大，现在两个女儿夏颖和夏敏都已成家立业。2018 年，夏某被诊断出患有晚期胃癌，而后一直都是大女儿夏颖长期照看父亲，夏敏则对父亲不管不问。2019 年 3 月，夏某订立遗嘱，将自己的遗产全部留给大女儿夏颖。夏敏知道后，找到律师要求变更遗嘱内容。

学法有疑

那么，夏敏有权利对父亲的遗嘱进行变更吗？

法律讲堂

按照法律规定，夏颖和夏敏都是夏某遗产的法定继承人。但是，由于夏某生前立有遗嘱，而遗嘱继承优先于法定继承。因此，本案不适用法定继承，而应当适用遗嘱继承。遗嘱是立遗嘱人对自己生前财产处分的意思表示，只要该遗嘱是立遗嘱人真实意思的表示，并且符合法律规定的形式要件，那么，该遗嘱就应当合法有效。遗嘱一旦订立，除立遗嘱人本人外，其他任何人无权修改遗嘱。篡改遗嘱的，篡改的内容无效。所以，夏敏无权对父亲的遗嘱进行变更。夏某设立的遗嘱是夏某真实的意思表示，任何人不得变更。

法律条文

《中华人民共和国民法典》

第一千一百四十三条第四款　遗嘱被篡改的，篡改的内容无效。

遗嘱被篡改的，所篡改的内容已经改变了立遗嘱人真实意思的表示，因而不产生法律效力。未被篡改的部分，仍然反映立遗嘱人的真实意愿，当然仍具有法律效力。

65. 遗书中存在涉及个人财产处分的内容是否属于遗嘱?

案例背景

周某为了生计带领同村一些青壮年外出打工。一次，周某等人干完活后老板没有给工钱就跑了。周某觉得自己对不住兄弟们，没脸回村见父老乡亲，所以留了一份遗书就自杀了。后来周某的妻子及母亲发现了这份遗书，里面有关于周某死后的财产分配问题，还有周某的签字和日期。她们想知道周某的这份遗书算不算遗嘱。

学法有疑

那么，这份遗书可以算作遗嘱吗？

法律讲堂

这份遗书可以视为遗嘱。《最高人民法院关于适用〈中华人民共和国民法典〉继承编的解释（一）》第二十七条规定："自然人在遗书中涉及死后个人财产处分的内容，确为死者的真实意思表示，有本人签名并注明了年、月、日，又无相反证据的，可以按自书遗嘱对待。"本案中周某所写遗书符合上述司法解释的规定，因此可以被视为有效的遗嘱。

法律条文

《最高人民法院关于适用〈中华人民共和国民法典〉继承编的解释（一）》

第二十七条 自然人在遗书中涉及死后个人财产处分的内容，确为死者的真实意思表示，有本人签名并注明了年、月、日，又无相反证据的，可以按自书遗嘱对待。

一句话说法

遗嘱，实际上专指被继承人对自己个人财产作出处分的意思表示。公民在自杀时一般留有遗书，讲明自杀的理由等，有时会涉及对个人财产处分的内容。只要该内容是自杀者真实意思的表示，又具备自书遗嘱的形式要件，则应以自书遗嘱对待，其遗产即按其中的处分方法进行处分，任何人不得干涉。

66. 监护人有权处分未成年人的遗产继承权吗?

案例背景

彤彤是某村的儿童，今年9岁。彤彤父母在她两岁时因车祸意外去世，而后彤彤一直和姑姑生活在一起。前不久，彤彤的爷爷因病去世，按照法律规定，彤彤有权继承爷爷的一部分遗产，但是彤彤的姑姑以彤彤法定代理人的身份代替彤彤放弃了继承权。

学法有疑

那么，彤彤的姑姑可以代彤彤放弃继承权吗?

法律讲堂

监护人应当按照最有利于被监护人的原则履行监护职责。监护人一般不能代理被监护人放弃继承权、受遗赠权。明显损害被监护人利益的，应认定其代理行为无效。本案中彤彤姑姑作为彤彤的监护人不能代替彤彤放弃继承权，彤彤姑姑的做法明显损害了彤彤的利益，应认定为无效。

法律条文

《中华人民共和国民法典》

第三十五条第一款 监护人应当按照最有利于被监护人的原则履行监护职责。监护人除为维护被监护人利益外，不得处分被监护人的财产。

第二款 未成年人的监护人履行监护职责，在作出与被监护人利益有关的决定时，应当根据被监护人的年龄和智力状况，尊重被监护人的真实意愿。

为了保护无行为能力人和限制行为能力人的合法权益，当继承发生时，即使是该继承人的监护人也不能代理被监护人放弃继承权。监护人违背法律规定作出的放弃继承或受遗赠的行为无效，被监护人仍然依法享有该继承权或受遗赠权。

第 8 章 农村借贷问题

67. 可以不按照借款合同约定的用途使用借款吗?

案例背景

徐某是某村的农民，自己开了一家小型印刷厂。近日，印刷厂需要购买设备，扩大生产，但徐某手头紧张，拿不出这笔钱。最后徐某决定向银行贷款，与银行签订了借款合同，并约定资金用于扩大生产规模，购置新设备。可是钱到手后，徐某看中了一辆轿车，考虑到该车价钱合适，且平时厂子有事也可以用，因此，徐某认为买下该车是一件很划算的事。于是，徐某打算将从银行贷的钱用于买车。

学法有疑

那么，徐某可以将钱用于合同约定用途之外的其他用途吗？

法律讲堂

徐某只能按合同的约定将借款用于扩大生产规模、购进设备。借款用途是借款合同中最重要的内容之一，直接关系到借款人是否能按期偿还，如果借款人擅自变更借款用途，无疑会增加贷款人的放贷风险。因此，《民法典》第六百七十三条明确规定，借款人应按合同约定的用途使用借款。具体到本案中，徐某只能将贷款用于扩大生产规模、购进设备，不能擅自变更借款用途，以免给自己造成不必要的麻烦。

法律条文

《中华人民共和国民法典》

第六百七十三条 借款人未按照约定的借款用途使用借款的，贷款人可以停止发放借款、提前收回借款或者解除合同。

借款人擅自改变借款用途，会使原先当事人共同预期的收益变得不确定，从而增加贷款人的借款风险，最终导致借款难以收回。因此，借款人应当按照合同约定的借款用途使用借款，不得随意改变借款用途。

68. 个人之间的借款，可以任意约定利息吗？

案例背景

2017 年 8 月，苗家村村民苗某的女儿被某大学录取，为给女儿交学费，苗某同村的王某借了 1 万元钱，约定两年后一次性还清，并按年利率 5% 支付利息。约定的还款期限到了，苗某没有能力还钱，希望王某再宽限一段时间，但王某提出超期的利息要按 50% 的年利率计算。

学法有疑

那么，王某的要求符合法律规定吗？

法律讲堂

2020年第二次修正的《最高人民法院关于审理民间借贷案件适用法律若干问题的规定》第二十五条规定：“出借人请求借款人按照合同约定利率支付利息的，人民法院应予支持，但是双方约定的利率超过合同成立时一年期贷款市场报价利率四倍的除外。前款所称‘一年期贷款市场报价利率’，是指中国人民银行授权全国银行间同业拆借中心自2019年8月20日起每月发布的一年期贷款市场报价利率。”由此可见，民间借贷的利息不可以随便规定。本案中，王某与苗某最初的借款合同约定了5%的利息，是合法的。当苗某在还款期限届满仍无法还款时，王某同意宽限，但是其提出按50%的利率计算利息是违法的。

法律条文

《最高人民法院关于审理民间借贷案件适用法律若干问题的规定》（2020第二次修正）

第二十五条　出借人请求借款人按照合同约定利率支付利息的，人民法院应予支持，但是双方约定的利率超过合同成立时一年期贷款市场报价利率四倍的除外。

前款所称“一年期贷款市场报价利率”，是指中国人民银行授权全国银行间同业拆借中心自2019年8月20日起每月发布的一年期贷款市场报价利率。

为了维护出借人的利益，借款人有义务支付利息，但是双方约定的利率不能超过合同成立时一年期贷款市场报价利率的4倍，否则属于违法行为。

69. 个人之间借款时没有约定利息，是否还需要支付利息？

案例背景

某村村民李某承包了一家鱼塘，刚开始鱼长得很好，效益还算不错。然而，最近鱼塘出了一些状况，急需一大笔钱来拯救鱼塘。可李某手里的钱有限，只能救救急而已。后来，李某找到邻村的哥们儿林某，向林某借了 10 万元，约定一年后还清，两人之间没有约定利息。一年后，李某将 10 万元还给林某时，林某却要求其支付利息。李某称当时并没有约定利息，所以自己不需要向林某支付利息，并认为林某是在敲诈。最终，两人发生纠纷，闹上法院。

学法有疑

那么，李某需要支付利息吗？

法律讲堂

李某无须向林某支付利息。《民法典》第六百八十条第二款规定：“借款合同对支付利息没有约定的，视为没有利息。”本案中，李某按照约定履行了自己的义务，按期偿还欠款，而林某要求其支付利息，因双方事先并未约定，所以得不到法律的支持。

法律条文

《中华人民共和国民法典》

第六百八十条 禁止高利放贷，借款的利率不得违反国家有关规定。

借款合同对支付利息没有约定的，视为没有利息。

借款合同对支付利息约定不明确，当事人不能达成补充协议的，按照当地或者当事人的交易方式、交易习惯、市场利率等因素确定利息；自然人之间借款的，视为没有利息。

自然人之间的借款不一定都要支付利息，当事人可以约定支付利息，也可以约定不支付利息；借款合同对利息没有约定或者约定不明确的，视为没有利息，借款人可以不向出借人支付利息。

70. 个人之间借款没有约定利息的支付期限，该如何处理？

案例背景

某村村民应某因儿子年底结婚需要盖新房，等房子盖到一半时，出现了资金紧张的情况，但房子已经盖到一半了，不能半途而废。于是，应某向同村的村民杨某，也就是应某的表叔借了2万元钱。应某给杨某写了借条，借条中约定还款期限是一年，按照3%的年利率支付利息。一年后，应某将2万元还给了杨某，但一直未支付给杨某利息。

学法有疑

个人之间借款没有约定利息的支付期限，该如何处理？

法律讲堂

《民法典》第六百七十四条规定："借款人应当按照约定的期限支付利息。对支付利息的期限没有约定或者约定不明确，依据本法第五百一十条的规定仍不能确定，借款期间不满一年的，应当在返还借款时一并支付；借款期间一年以上的，应当在每届满一年时支付，剩余期间不满一年的，应当在返还借款时一并支付。"该法第五百一十条规定："合同生效后，当事人就质量、价款或者报酬、履行地点等内容没有约定或者约定不明确的，可以协议补充；不能达成补充协议的，按照合同相关条款或者交易习惯确定。"回归到本案，应某与杨某可以就利息的支付期限协议补充，如果不能达成补充协议，因二人在借条中约定的借款期限为一年，所以李某应当在借款满一年时将利息与本金一起偿还。

法律条文

《中华人民共和国民法典》

第五百一十条 合同生效后，当事人就质量、价款或者报酬、履行地点等内容没有约定或者约定不明确的，可以协议补充；不能达成补充协议的，按照合同相关条款或者交易习惯确定。

第六百七十四条 借款人应当按照约定的期限支付利息。对支付利息的期限没有约定或者约定不明确，依据本法第五百一十条的规定仍不能确定，借款期间不满一年的，应当在返还借款时一并支付；借款期间一年以上的，应当在每届满一年时支付，剩余期间不满一年的，应当在返还借款时一并支付。

一句话说法

支付利息的方式有多种，当事人既可以约定在借款期限届满时和本金一并支付，也可以约定在借款期间内分批向贷款人支付。如果当事人没有约定或者约定不明确，就按法律规定支付利息。

71. 自然人之间的借款合同可以采用口头形式吗？合同应包括哪些内容？

案例背景

张某是某村的村民，他吃苦耐劳，除了务农还在城里打工。经过多年的打拼，张某成了一家小型服装厂的老板。服装厂经营几年后，张某想要扩大规模，但没有资金。于是，张某想到了亲戚李某，李某是一家大企业的老板，很有钱。张某找到李某，提出向其借5万元钱，李某这个人好面子，当即给了张某5万元现金，并对张某称等他手头宽裕了再还给自己。两人只是口头说了一下，无书面合同。

学法有疑

那么，自然人之间的借款合同只能是书面形式吗？合同的具体内容应包括哪些方面？

法律讲堂

《民法典》第六百六十八条规定：“借款合同应当采用书面形式，但是自然人之间借款另有约定的除外。借款合同的内容一般包括借款种类、币种、用途、数额、利率、期限和还款方式等条款。”对于是否必须采用书面形式订立借款合同，要区分是否为自然人之间的借款。向金融机构借款，借款合同应当采用书面形式，其目的是明确金融机构与借款人的权利和义务，保障金融机构信贷资金的安全。但是自然人之间的借款合同既可以采用书面形式，也可以采用口头形式。张某与李某这种自然人之间订立借款合同的，可以参照上述规定，根据实际情况进行约定。

法律条文

《中华人民共和国民法典》

第六百六十八条 借款合同应当采用书面形式，但是自然人之间借款另有约定的除外。

借款合同的内容一般包括借款种类、币种、用途、数额、利率、期限和还款方式等条款。

一句话说法

自然人之间的借款合同，既可以采用书面形式，也可以采用口头形式，当事人可以根据合同是否有偿等具体情况选择订立合同的形式。在合同内容上，除了法律明确规定的几个方面，借款合同的当事人还可以对其他内容作出约定。

72. 还款期限忘了写在借款合同中，该怎么办？

案例背景

赵某是一个农民，年轻时一直在外面打工，回到家乡后，赵某不甘于只务农，打算干点别的买卖。一开始，赵某用打工的积蓄在城里租了一个门面，开起了小超市。由于赵某会经营，超市所处的地段也比较好，所以赵某的生意不错。赵某看着自己的超市生意这么好，就打算开一家小型食品加工厂。由于本钱不够，赵某向邻村的吴某提出了借款请求，两人签订了借款合同，内容包括利息偿还等事项，但在合同中忘记写约定的还款时间了，赵某从来没有签过合同，当时也没注意此项内容，不知道该如何处理此事。

学法有疑

那么，赵某该怎么办呢？

法律讲堂

在此种情况下，赵某可以与吴某签订补充协议，重新约定还款时间，也可以随时履行还款义务。根据《民法典》第六百七十五条规定，如果借款合同中没有约定借款期限或者借款期限约定不明确，双方可以依法重新确定还款期限。如果无法确定还款时间的，借款人可以随时返还，贷款人可以催告借款人在合理期限内返还。本案中，赵某与吴某的借款过程、内容、形式等符合法律对借款程序的规定，因此其借款合同合法有效，双方应当受到合同的约束。但由于双方未就还款时间作出约定，所以，赵某可以与吴某签订补充协议，补充关于还款期限的条款，或者随时返还借款。但吴某在要求赵某还款时，应当给赵某一个合理的还款期限。

法律条文

《中华人民共和国民法典》

第六百七十五条 借款人应当按照约定的期限返还借款。对借款期限没有约定或者约定不明确，依据本法第五百一十条的规定仍不能确定的，借款人可以随时返还；贷款人可以催告借款人在合理期限内返还。

按照合同约定的期限返还借款是借款人的一项主要义务，当事人未约定还款期限的，首先可以就还款期限进行协商，达成补充协议。不能达成补充协议的，可以按照合同有关条款或当事人之间的交易习惯来确定。

73. 债权人无借据原件，只有复印件，法院会支持吗？

案例背景

田某是某村的村民，因为务农的需要，想要买一辆拖拉机。由于儿子刚结婚花了不少钱，田某没有多余的钱来购买拖拉机，于是向亲戚夏某借了 3 万元，约定一年之内还清，并写了欠条。夏某为防借条丢失，又去复印了一份。后来由于夏某的母亲不识字，看到此借条后以为是没用的废纸，便随手扔掉了，夏某怎么找都没有找到欠条。借款期限届满后，夏某要求田某还钱，但田某要求夏某归还欠条，如果没有欠条，拒不还钱。最终，夏某将田某告上法庭，要求田某还钱。

学法有疑

法院会支持夏某的请求吗？

法律讲堂

根据《最高人民法院关于适用〈中华人民共和国民事诉讼法〉的解释》第九十条的规定，当事人对自己提出的诉讼请求所依据的事实有责任提供证据加以证明。没有证据或者证据不足以证明当事人的事实主张的，由负有举证责任的当事人承担不利后果。此外，该司法解释第九十二条第一款还规定，诉讼过程中，一方当事人对另一方当事人陈述的于己不利的案件事实明确表示承认的，另一方当事人无须举证。因此，夏某向法院起诉要求田某还钱，应就借款事实的存在提供证据，如果不足以证明事实的，夏某承担不利后果。同时根据《最高人民法院关于民事诉讼证据的若干规定》第九十条的规定，无法与原件、原物核对的复印件、复制品，不能单独作为认定案件事实的依据。所以债权人仅提供借据复印件的，还钱的请求不能得到法院的支持。但是，如果夏某有其他证据，比如证人、录音等可以证明借款事实，或者田某承认借款事实，夏某的还款请求才可以获得支持。

法律条文

《最高人民法院关于适用〈中华人民共和国民事诉讼法〉的解释》

第九十条 当事人对自己提出的诉讼请求所依据的事实或者反驳对方诉讼请求所依据的事实，应当提供证据加以证明，但法律另有规定的除外。

在作出判决前，当事人未能提供证据或者证据不足以证明其事实主张的，由负有举证证明责任的当事人承担不利的后果。

第九十二条第一款 一方当事人在法庭审理中，或者在起诉状、答辩状、代理词等书面材料中，对于己不利的事实明确表示承认的，另一方当事人无需举证证明。

《最高人民法院关于民事诉讼证据的若干规定》

第九十条 下列证据不能单独作为认定案件事实的根据：

……

（五）无法与原件、原物核对的复印件、复制品。

当事人向法院提供证据，应当优先提供原件或者原物，其次才考虑复制品或者复印件，而且复制品或者复印件只有与原件核对无误，才具有相应的法律效力。仅有复制品或者复印件，没有其他证据予以佐证，不能用来认定案件事实，一般没有法律效力，除非双方都认可，没有异议。

74. 能否从本金中提前扣除借款的利息?

案例背景

李某和张某夫妻俩都是地地道道的农民，由于生活在落后的农村，收入微薄，今年儿子又要上大学，靠种地那点钱根本不够供儿子读书。于是，李某进行了一次大胆的尝试，在县城开了一家小型的水果批发超市。由于夫妻俩没有本钱，李某与银行签订了借款合同，办完了相关手续，向银行借款10万元，期限是3年。但是在李某去提款时，银行提前扣除了3年的利息，并且声称这是为了保证银行能够收回利息，才提前从本金里扣除的。

学法有疑

那么，银行从本金中提前扣除借款利息的做法对吗?

法律讲堂

该银行无权预先扣除李某借款的利息。《民法典》第六百七十条明确规定:“借款的利息不得预先在本金中扣除。利息预先在本金中扣除的，应当按照实际借款数额返还借款并计算利息。”由此可知，作为贷款人的银行应按合同的约定向李某支付借款总额，而不能预先扣除借款总额所产生的利息。否则就会使李某的借款本金无形中减少，使其预期的经济收益受到影响。如果银行提前扣除了利息，那么李某实际借款的本金就应当减去利息，李某还款时也应当按照其实际借到的数额偿还本息。

法律条文

《中华人民共和国民法典》

第六百七十条 借款的利息不得预先在本金中扣除。利息预先在本金中扣除的，应当按照实际借款数额返还借款并计算利息。

一句话说法

提前在本金里扣除利息的做法虽然使贷款人的利息提前收回，减少了借款的风险，但却损害了借款人的合法利益，使借款人实际上得到的借款少于合同约定的借款数额，影响其资金的正常使用，加重了借款人的负担，也容易引起借款合同双方当事人的纠纷。因此，法律明确规定禁止提前扣除利息有利于解决实践中引发的问题，是坚持合同公平原则的体现。

第9章 消费问题

75. 商家将翻新品作为新品出售，应承担哪些责任？

案例背景

一天，某村的崔某去镇上赶集，路过某商场时看到门口放着某品牌手机促销的广告牌，他走过去一看，觉得手机的样式和价钱都很合适，于是就到商场里买了一台。后来崔某拿回家使用时却发现此手机的功能根本不像广告里说的那样，而更像此品牌已经被淘汰的另一款手机。于是崔某找到专业人士对手机进行检查，结果发现其购买的正是淘汰产品的翻新机。

学法有疑

商家将翻新机当作新品出售，应承担何种责任？

法律讲堂

消费者在购物的时候，享有对商品的知情权。《消费者权益保护法》第八条第一款有明确的规定："消费者享有知悉其购买、使用的商品或者接受的服务的真实情况的权利。"本案中，商家将淘汰的产品翻新后重新拿出来卖，不仅侵犯了消费者的知情权，也是一种欺诈行为。《消费者权益保护法》第五十五条第一款规定："经营者提供商品或者服务有欺诈行为的，应当按照消费者的要求增加赔偿其受到的损失，增加赔偿的金额为消费者购买商品的价款或者接受服务的费用的三倍；增加赔偿的金额不足五百元的，为五百元。法律另有规定的，依照其规定。"因此，崔某可以据此要求商家承担相应的法律责任，如果商家拒绝承担，崔某可以向消费者协会反映或者向工商行政管理部门举报，当然，也可以提起诉讼。

法律条文

《中华人民共和国消费者权益保护法》

第八条 消费者享有知悉其购买、使用的商品或者接受的服务的真实情况的权利。

消费者有权根据商品或者服务的不同情况，要求经营者提供商品的价格、产地、生产者、用途、性能、规格、等级、主要成份、生产日期、有效期限、检验合格证明、使用方法说明书、售后服务，或者服务的内容、规格、费用等有关情况。

第五十五条第一款 经营者提供商品或者服务有欺诈行为的，应当按照消费者的要求增加赔偿其受到的损失，增加赔偿的金额为消费者购买商品的价款或者接受服务的费用的三倍；增加赔偿的金额不足五百元的，为五百元。法律另有规定的，依照其规定。

消费者对其购买、使用的商品或者接受的服务享有知情权，经营者应当全面、真实地向消费者提供有关商品的质量、性能、规格、等级等信息，不得作虚假或者引人误解的宣传。

76. 商家搞促销活动时，有权对消费者兑换奖品附加不合理条件吗?

案例背景

2019 年 4 月，村民王某进城打工。某日，他路过一家超市，看到该超市正在进行有奖促销活动，便想进去碰碰运气，于是从超市买了些日常用品后就去抽奖。没想到王某运气不错，一下子就抽中了二等奖，奖品是 500 元现金券。这下把王某高兴坏了，正当王某要走的时候，超市的工作人员拦住他，称王某必须现在就把这 500 元现金券花了，否则现金券就过期了，还说这是超市的规定。

学法有疑

商家搞促销活动时，能否对奖品的兑换附加不合理条件?

法律讲堂

根据《消费者权益保护法》第九条、第十条及第十六条规定，消费者享有自主选择权，在自主选择商品或者服务时，有权进行比较、鉴别和挑选；消费者在购买商品时，有权获得公平交易条件，有权拒绝经营者的强制交易行为；而经营者应当保障消费者的合法权利，不得强制交易。此外，《零售商促销行为管理办法》第六条及第十二条规定，零售商促销活动的广告和其他宣传，其内容应当真实，不得使用含糊、易引起误解的语言，不得以保留最终解释权为由，损害消费者的合法权益。零售商开展促销活动，不得将质量不合格的物品作为奖品、赠品。案例中的超市在宣传海报中只写了“有奖销售”，而隐藏了“中奖后必须当场消费”的不合理条件，并以最终解释权作借口，强行让王某在超市消费，损害了王某的合法权益。王某有理由拒绝，或者向消费者协会投诉，也可以向当地市场监督管理部门举报。

法律条文

《中华人民共和国消费者权益保护法》

第九条第一款　消费者享有自主选择商品或者服务的权利。

第三款　消费者在自主选择商品或者服务时，有权进行比较、鉴别和挑选。

第十条　消费者享有公平交易的权利。

消费者在购买商品或者接受服务时，有权获得质量保障、价格合理、计量正确等公平交易条件，有权拒绝经营者的强制交易行为。

第十六条　经营者向消费者提供商品或者服务，应当依照本法和其他有关法律、法规的规定履行义务。

经营者和消费者有约定的，应当按照约定履行义务，但双方的约定不得违背法律、法规的规定。

经营者向消费者提供商品或者服务，应当恪守社会公德，诚信经营，保障消费者的合法权益；不得设定不公平、不合理的交易条件，不得强制交易。

《零售商促销行为管理办法》

第六条 零售商促销活动的广告和其他宣传，其内容应当真实、合法、清晰、易懂，不得使用含糊、易引起误解的语言、文字、图片或影像。不得以保留最终解释权为由，损害消费者的合法权益。

第十二条 零售商开展促销活动，不得降低促销商品（包括有奖销售的奖品、赠品）的质量和售后服务水平，不得将质量不合格的物品作为奖品、赠品。

商家促销活动的宣传内容应当真实、合法、易懂，不得以保留最终解释权侵犯消费者的合法权益。

77. 因商品缺陷造成消费者人身损害的，谁来赔偿？

案例背景

村民赵某打算今年年底结婚，当前正着手准备结婚用的东西。前不久，赵某到县城某商场购买电器时，看上了一台电饭锅，由于样式好看，价钱也不贵，就决定把这台电饭锅买下来。当赵某向商场索要发票时，商场称该电饭锅属于特价商品，没有发票。在初次使用时，电饭锅发生爆炸，导致赵某右胳膊受伤，花去数百元的医药费。赵某找到商场要求索赔，商场却以电饭锅是特价商品且没有发票为由拒绝赔付。

学法有疑

那么，赵某该怎么办？

法律讲堂

在现实生活中，发生商品质量问题或造成人身、财产损害时，由于消费者发票丢失或者未向经营者索要发票，若要追究经营者的责任就比较困难，一些经营者也往往以没有凭据为由拒绝消费者的索赔要求。对此，消费者在遇到上述情况时，一般可以采取如下措施。

第一，应当注意寻找有无其他凭证可以证明购物这一事实。比如，寻找购物的收据或电脑打印的小票，这些也能起到证明作用。还可以寻找人证，如其他受害者证言等。

第二，要求产品的生产者退货，并赔偿缺陷产品造成的人身伤亡、财产损失，不需要发票，只要有产品残骸并足以证明该产品为生产者所生产的，消费者就可以索赔了。

第三，如果消费者购买的这件没有发票的商品在使用过程中已经造成人身、财产损害，而与经营者协商后又无任何结果，那么，根据《消费者权益保护法》第四十条和《产品质量法》第四十三条的规定，因产品缺陷造成消费者或其他受害人人身、财产损害的，可以向销售者要求赔偿，也可以向生产者要求赔偿。因此，本案中，赵某在商场拒绝赔偿的情况下，可直接与生产厂家联系，要求赔偿，如果生产厂家拒绝的话，可通过诉讼途径加以解决。

法律条文

《中华人民共和国消费者权益保护法》

第四十条 消费者在购买、使用商品时，其合法权益受到损害的，可以向销售者要求赔偿。销售者赔偿后，属于生产者的责任或者属于向销售者提供商品的其他销售者的责任的，销售者有权向生产者或者其他销售者追偿。

消费者或者其他受害人因商品缺陷造成人身、财产损害的，可以向销售者要求赔偿，也可以向生产者要求赔偿。属于生产者责任的，销售者赔偿后，有权向生产者追偿。属于销售者责任的，生产者赔偿后，有权向销售者追偿。

消费者在接受服务时，其合法权益受到损害的，可以向服务者要求赔偿。

《中华人民共和国产品质量法》

第四十三条 因产品存在缺陷造成人身、他人财产损害的，受害人可以向产品的生产者要求赔偿，也可以向产品的销售者要求赔偿。属于产品的生产者的责任，产品的销售者赔偿的，产品的销售者有权向产品的生产者追偿。属于产品的销售者的责任，产品的生产者赔偿的，产品的生产者有权向产品的销售者追偿。

消费者在购买、使用商品时，因产品缺陷造成人身损害的，受害人有权选择向销售者或者生产者要求赔偿，向消费者进行赔偿后，无责任的一方有权向有责任的一方进行追偿。

78. 商家以对宣传单享有最终解释权为由拒绝优惠的做法对吗?

案例背景

春节将至，某村村民白某与妻子去镇上购买年货时收到一张某服装店的宣传单，单子上说春节将至，该服装店正在搞促销活动，凭此宣传单可以享受5折的优惠，服装店享有本次活动的最终解释权。白某心想正好快过年了，可以给自己和妻子添点新衣服。于是，白某与妻子来到该服装店，分别选取了自己喜欢的衣服，可等到结账时，该服装店却要求其按照原价付款。白某很气愤，说他们是凭宣传单来购物的，为什么不打折。服装店工作人员却称，该宣传单只供特定服装使用，其余服装不打折。

学法有疑

商家能否以享有最终解释权为由拒绝优惠呢?

法律讲堂

根据《消费者权益保护法》第二十条第一款的规定："经营者向消费者提供有关商品或者服务的质量、性能、用途、有效期限等信息，应当真实、全面，不得作虚假或者引人误解的宣传。"同时《零售商促销行为管理办法》第六条明确规定："零售商促销活动的广告和其他宣传，其内容应当真实、合法、清晰、易懂，不得使用含糊、易引起误解的语言、文字、图片或影像。不得以保留最终解释权为由，损害消费者的合法权益。"该管理办法第七条第二款规定："对不参加促销活动的柜台或商品，应当明示，并不得宣称全场促销；明示例外商品、含有限制性条件、附加条件的促销规则时，其文字、图片应当醒目明确。"本案中，服装店不得在促销活动的宣传单上使用含糊及易引起误解的文字，并不得以保留最终解释权为由损害消费者的合法权益。白某可以向工商部门投诉，要求查处服装店的虚假宣传行为。

法律条文

《中华人民共和国消费者权益保护法》

第二十条第一款　经营者向消费者提供有关商品或者服务的质量、性能、用途、有效期限等信息，应当真实、全面，不得作虚假或者引人误解的宣传。

《零售商促销行为管理办法》

第六条　零售商促销活动的广告和其他宣传，其内容应当真实、合法、清晰、易懂，不得使用含糊、易引起误解的语言、文字、图片或影像。不得以保留最终解释权为由，损害消费者的合法权益。

第七条　零售商开展促销活动，应当在经营场所的显著位置明示促销内容，促销内容应当包括促销原因、促销方式、促销规则、促销期限、促销商品的范围，以及相关限制性条件等。

对不参加促销活动的柜台或商品，应当明示，并不得宣称全场促销；明示例外商品、含有限制性条件、附加条件的促销规则时，其文字、图片应当醒目明确。

零售商开展促销活动后在明示期限内不得变更促销内容，因不可抗力而导致的变更除外。

一句话说法

经营者开展促销活动时，应当遵守合法、公平、诚实信用的原则，保障促销活动宣传内容真实、合法、清晰、易懂，不得以保留最终解释权为由，损害消费者的合法权益。

79. 因办理手机套餐享有优惠上网业务而遭受损失时，谁来负责？

案例背景

李家村的李某是个网游迷，经常用手机玩网游，但每次手机流量都不够。后来李某在朋友的建议下办理了一个套餐业务，其中包括手机上网业务，每月20元享受1000兆流量。某日，李某用手机上网下载游戏，没一会儿手机就因欠费停机了。他来到通信公司营业部查询，才知道原来是自己误入高收费网站，只要下载东西就会自动收取高额的费用。他又打了通信公司的客服电话咨询，客服人员说，这个套餐业务确实包括了1000兆流量的上网费，但是，现在李某的损失是因为下载了某游戏运营商的游戏软件而被扣除了相关费用，属于增值业务范畴。

学法有疑

那么，李某的损失应由谁负责？

法律讲堂

本案中，该通信公司并没有向李某说明该手机套餐业务的具体信息，使李某产生了误解，以为只要有了这种“套餐”，在网上干什么都不收费。李某并不知道在一些网站上下载游戏软件等属于增值业务范畴。通信公司的这种行为侵犯了李某的知情权和自主选择权。《消费者权益保护法》第八条和第九条明确规定，消费者享有知悉其购买、使用的商品或者接受的服务的真实情况的权利。消费者有权自主选择提供商品或者服务的经营者，自主选择商品品种或者服务方式，自主决定购买或者不购买任何一种商品、接受或者不接受任何一项服务。本案中，该通信公司在推出该种手机套餐业务时，并没有向李某尽告知义务，使李某在不知情的情形下接受了某游戏运营商的服务，结果造成了财产损失。同时，该法第十一条规定：“消费者因购买、使用商品或者接受服务受到人身、财产损害的，享有依法获得赔偿的权利。”因此，该通信公司应当赔偿李某的财产损失。

法律条文

《中华人民共和国消费者权益保护法》

第八条第一款 消费者享有知悉其购买、使用的商品或者接受的服务的真实情况的权利。

第九条 消费者享有自主选择商品或者服务的权利。

消费者有权自主选择提供商品或者服务的经营者，自主选择商品品种或者服务方式，自主决定购买或者不购买任何一种商品、接受或者不接受任何一项服务。

消费者在自主选择商品或者服务时，有权进行比较、鉴别和挑选。

第十一条 消费者因购买、使用商品或者接受服务受到人身、财产损害的，享有依法获得赔偿的权利。

消费者在接受商品或服务时享有知情权和自主选择权，提供商品或服务的一方应充分履行告知义务，以保障消费者充分知情并自由决定选择何种商品或服务。

80. 关于赠品的质量，商家需要负责吗？

案例背景

某天，村民苏某去城里赶集。看到某超市正在搞促销活动，购物满100元赠一箱牛奶，苏某觉得很合适，打算让家里人尝尝这牛奶的味道，于是便买了100元的东西，获赠了一箱牛奶。苏某买完东西回家后，把牛奶拆开分给家人喝，家里人第一次尝到这种牛奶的味道，都非常高兴。可等到第二天，全家人都上吐下泻，刚开始还不知怎么回事，后来苏某的妻子说是牛奶导致的，因为牛奶已经过期了。苏某找到该超市要求退换，或予以赔偿。超市则认为牛奶是赠品，不属于赔偿范畴，拒绝退货或赔偿。

学法有疑

消费者若发现赠送的商品存在质量问题，能否要求退换或赔偿呢？

法律讲堂

商家应当承担退换或者赔偿的责任。从法律的角度来说，商家所谓的“赠与”与一般的赠与不同，消费者只有根据商家要求，在指定地点、指定商品消费总额达到一定数量时，才能获得“赠与”商品，因此商家的这一“赠与”是附条件的，而不是无偿的。根据《民法典》第六百六十二条第一款规定，附义务的赠与，赠与的财产有瑕疵的，赠与人在附义务的限度内承担与出卖人相同的责任。因此，超市应当对赠与商品的质量负责。

从《消费者权益保护法》的角度来讲，获取货真价实的商品是消费者不可侵犯的权利。即使是附赠品，也应当具备合格、合等级、合约定的品质，商家不得以赠送为由提供不合格产品或者假冒的产品。事实上，商家用于促销的赠品大多也计入销售成本中，因此赠品实际上也是商家用于销售的产品，应当受到《消费者权益保护法》第二十三条的约束。

综上所述，如果商家用于促销的奖品或者赠品有质量问题，消费者可以要求退换或者赔偿。

法律条文

《中华人民共和国民法典》

第六百六十二条第一款 赠与的财产有瑕疵的，赠与人不承担责任。附义务的赠与，赠与的财产有瑕疵的，赠与人在附义务的限度内承担与出卖人相同的责任。

《中华人民共和国消费者权益保护法》

第二十三条第一款 经营者应当保证在正常使用商品或者接受服务的情况下其提供的商品或者服务应当具有的质量、性能、用途和有效期限；但消费者在购买该商品或者接受该服务前已经知道其存在瑕疵，且存在该瑕疵不违反法律强制性规定的除外。

《零售商促销行为管理办法》

第十二条 零售商开展促销活动，不得降低促销商品（包括有奖销售的奖品、赠品）的质量和售后服务水平，不得将质量不合格的物品作为奖品、赠品。

经营者应当保证提供的商品具备应有的质量，如果商品有瑕疵，应当明确告知消费者，保障消费者的知情权。

81. 在网上购买到假火车票该怎么办?

案例背景

丁杰是某大学的在校生，由于家住偏远的农村，每次放假回家都是一件很难的事情。2019 年 7 月，丁杰放暑假，由于在火车站售票厅未买到火车票，就通过某网站论坛购买了一张火车票。卖票者与丁杰联系后，双方见面交易。卖票者给出的价格比票面价格每张多出 50 元。由于回家心切，丁杰只好将火车票买了下来。但是当丁杰拿着这张票去检票上车时，却被告知是假票。丁杰无奈之下，只好在学校度过了暑假。

学法有疑

在网上购买到假火车票怎么办?

法律讲堂

互联网上高价倒票的“黄牛”很多。需要注意的是，大多数网站或者论坛的帖子上售卖的火车票都涉及倒票行为。某铁路公安处有关负责人表示，超过车票价 5 元以上的，就是倒票行为，将受到治安管理处罚；涉案数额较大的，依据《刑法》第二百二十七条的规定，将处以刑事处罚。案例中的丁杰可以将其买到假火车票的事情向警方举报，配合警方打击票贩子的嚣张气焰，维护自己的合法权益。

法律条文

《中华人民共和国刑法》

第二百二十七条 伪造或者倒卖伪造的车票、船票、邮票或者其他有价票证，数额较大的，处二年以下有期徒刑、拘役或者管制，并处或者单处票证价额一倍以上五倍以下罚金；数额巨大的，处二年以上七年以下有期徒刑，并处票证价额一倍以上五倍以下罚金。

倒卖车票、船票，情节严重的，处三年以下有期徒刑、拘役或者管制，并处或者单处票证价额一倍以上五倍以下罚金。

《中华人民共和国治安管理处罚法》

第五十二条 有下列行为之一的，处十日以上十五日以下拘留，可以并处一千元以下罚款；情节较轻的，处五日以上十日以下拘留，可以并处五百元以下罚款：

……

（三）伪造、变造、倒卖车票、船票、航空客票、文艺演出票、体育比赛入场券或者其他有价票证、凭证的；

……

当前，公安机关打击票贩子的力度日趋增大。鉴于铁路警方的严管态势和打击力度，一些票贩子开始转战互联网，以逃避警方的打击。但是消费者应当积极举报，配合警方整治倒票的违法行为。

82. 发现食品过保质期的，消费者有权要求退货吗？

案例背景

一天，某村村民陈某进城去看正在上高中的女儿，想到女儿平时学习很辛苦，就决定到超市给女儿买点儿吃的。陈某来到一家超市购买了一箱牛奶和一些糕点，由于着急见到女儿，未仔细检查保质期就匆忙离开。直到陈某女儿喝牛奶时，才发现牛奶已超过保质期半个月了。于是，陈某立即携带过期食品及购物小票来到该超市，但超市负责人表示墙面醒目位置张贴了内容为“商品售出，概不退换”的提示语，陈某的损失是自己疏忽大意导致的，与超市无关。陈某无奈之下只能将过期牛奶扔到垃圾桶里。

学法有疑

发现食品过保质期的，消费者有权要求退货吗？

法律讲堂

陈某有权要求超市退货。消费者在购买、使用商品过程中享有人身、财产安全不受损害的权利。墙面提示语从法律角度讲属于格式条款，根据《消费者权益保护法》第二十六条之规定，声明、店堂告示等格式条款中含有排除或者限制消费者权利、减轻或者免除经营者责任等内容的，其内容无效。过期食品不符合质量保障要求，根据《消费者权益保护法》第二十四条的规定，消费者可依据具体情况选择退货，或要求经营者履行更换、修理。据此，案例中的陈某可选择要求退货、更换商品，其法定权利不因墙面提示语的存在而消灭。

法律条文

《中华人民共和国消费者权益保护法》

第二十四条 经营者提供的商品或者服务不符合质量要求的，

消费者可以依照国家规定、当事人约定退货，或者要求经营者履行更换、修理等义务。没有国家规定和当事人约定的，消费者可以自收到商品之日起七日内退货；七日后符合法定解除合同条件的，消费者可以及时退货，不符合法定解除合同条件的，可以要求经营者履行更换、修理等义务。

依照前款规定进行退货、更换、修理的，经营者应当承担运输等必要费用。

第二十六条第二款 经营者不得以格式条款、通知、声明、店堂告示等方式，作出排除或者限制消费者权利、减轻或者免除经营者责任、加重消费者责任等对消费者不公平、不合理的规定，不得利用格式条款并借助技术手段强制交易。

第三款 格式条款、通知、声明、店堂告示等含有前款所列内容的，其内容无效。

经营者通过利用格式条款在交易过程中设定对消费者不公平、不合理的规定，追求利益最大化，这种行为严重损害了消费者的合法权利，为法律所不容。

83. 乘坐客车行李丢失，承运方应当赔偿吗？

案例背景

家在四川省的田某与妻子准备于1月30日从北京回家过春节，由于未购买到火车票，只好选择坐客车回家。按照客运公司的规定，客车内不得装大件行李，田某夫妇就把行李放在了客车的行李箱内。因田某夫妇的行李内有一些很重要的东西，于是田某特意交代司机一定要妥善保管，司机表示没问题。但等车到站后，田某下车取行李时发现自己的行李不见了。田某找到司机要求其承担赔偿责任，司机却称是田某自己没有看好东西，不应由他赔偿。

学法有疑

乘坐客车行李丢失，承运方应当赔偿吗？

法律讲堂

田某可以要求运输公司赔偿他的损失。按照《民法典》第八百一十四条及八百二十四条的规定，当田某购买车票乘车时，其与运输公司之间已形成客运合同关系，运输公司应当根据合同内容履行义务。当田某将自己的行李交给司机并告知其妥善保管时，运输公司的工作人员应当对其行李进行妥善保管，但运输公司将该行李丢失，并且无法提出有力证据证明自己履行了妥善保管的义务，因此运输公司应当承担责任。

法律条文

《中华人民共和国民法典》

第八百一十四条 客运合同自承运人向旅客出具客票时成立，但是当事人另有约定或者另有交易习惯的除外。

第八百二十四条第一款 在运输过程中旅客随身携带物品毁损、

灭失，承运人有过错的，应当承担赔偿责任。

第八百三十二条 承运人对运输过程中货物的毁损、灭失承担赔偿责任。但是，承运人证明货物的毁损、灭失是因不可抗力、货物本身的自然性质或者合理损耗以及托运人、收货人的过错造成的，不承担赔偿责任。

乘客购票乘车后，便与运输公司之间形成客运合同关系，对于乘客自带行李在运输过程中发生的损毁或者灭失，承运人有过错的，应当承担赔偿责任。

84. 农家乐推出“特色野味”违法了吗?

案例背景

2019 年 10 月，徐某和同事去丙省出差。工作结束之后恰逢周末假期，一行人便决定去当地的农家乐休闲放松一下。到了农家乐之后，徐某等人打球、钓鱼，玩儿得不亦乐乎。晚上，一行人到农家乐的餐厅吃饭，发现餐厅的特色菜居然是“野味”。详细跟服务员了解之后，大家才知道该农家乐本就以独特的野味烹饪技法而闻名。在这里，不少飞禽走兽都是能上桌的“特色菜”。徐某等人本来觉得吃这些野生动物是违法的，但服务员告诉他们，食用的动物都是老板通过特殊渠道弄来的，大家都在吃，也没见人被处罚。徐某等人虽然犹豫，但还是决定品尝一下这些“特色菜”。

学法有疑

那么，制作、食用餐桌上的“特色野味”违法吗?

法律讲堂

制作、食用或以食用为目的非法购买国家保护、没有合法来源证明的非国家重点保护的野生动物及其制品的行为，都属于违法行为。制作、食用餐桌上的“特色野味”也是违法行为。《野生动物保护法》第三十条规定:“禁止生产、经营使用国家重点保护野生动物及其制品制作的食品，或者使用没有合法来源证明的非国家重点保护野生动物及其制品制作的食品。禁止为食用非法购买国家重点保护的野生动物及其制品。”《全国人民代表大会常务委员会关于全面禁止非法野生动物交易、革除滥食野生动物陋习、切实保障人民群众生命健康安全的决定》第二条也明确规定:“全面禁止食用国家保护的‘有重要生态、科学、社会价值的陆生野生动物’以及其他陆生野生动物，包括人工繁育、人工饲养的陆生野生动物。全面禁止以食用为目的猎捕、交易、运输在野外环境自然生长繁殖的陆生野生动物。对违反前两款规定的行为，参照适用现行法律有关规定处罚。”由此可见，将国家保护的野生动物制作为食品或食用该类野生动物的，都属于违法行为。

如穿山甲、果子狸等都是国家保护动物，是不能食用的。一方面，这类野生动物具有珍贵的研究价值；另一方面，野生动物往往是多种病毒的宿主，食用它们不利于人体健康。经营“特色野味”的农家乐和食客的行为涉嫌违法。

法律条文

《中华人民共和国野生动物保护法》

第三十条 禁止生产、经营使用国家重点保护野生动物及其制品制作的食品，或者使用没有合法来源证明的非国家重点保护野生动物及其制品制作的食品。

禁止为食用非法购买国家重点保护的野生动物及其制品。

《全国人民代表大会常务委员会关于全面禁止非法野生动物交易、革除滥食野生动物陋习、切实保障人民群众生命健康安全的决定》

二、全面禁止食用国家保护的“有重要生态、科学、社会价值的陆生野生动物”以及其他陆生野生动物，包括人工繁育、人工饲养的陆生野生动物。

全面禁止以食用为目的猎捕、交易、运输在野外环境自然生长繁殖的陆生野生动物。

对违反前两款规定的行为，参照适用现行法律有关规定处罚。

野生动物受法律保护，任何个人或单位不得非法狩猎，更不能食用。研究表明，多种传染性病毒的宿主都是野生动物，亲密接触野生动物或食用野生动物，百害而无一利。

第10章 农民工劳动问题

85. 临时工有权要求与公司签订劳动合同吗?

案例背景

某村的李某初中毕业后就一直跟随父母在家务农。2019年5月，李某经过朋友介绍进入一家制衣厂工作。当时该制衣厂称因承接了一个大的订单，厂里人员不足，因此招用的工人在此项工作结束后就不再录用了。李某想着自己能找到一份工作不容易，就先在制衣厂干着。后来李某在和工人们聊天时得知他们都与工厂签订了劳动合同，合同的期限长短不一。于是李某找到工厂的人事部门询问签订劳动合同的事宜，人事部门负责人表示因李某是为了此次订单招用的临时工，不是单位正式招用的员工，不能与其签订劳动合同。

学法有疑

那么，像李某这种以完成一定工作任务而被招用的临时工，是否能与企业签订劳动合同呢?

法律讲堂

本案中，李某所在工厂在现有员工不足以按时完成大额订单的情况下，针对此特定的订单招收了临时性的工人，也就是说李某找到的这份工作是以完成此订单内衣服的制作为工作任务的，一旦完成了工作任务，李某的工作期间也就结束了。根据《劳动合同法》第十二条和第十五条的规定，劳动合同分为固定期限劳动合同、无固定期限劳动合同和以完成一定工作任务为期限的劳动合同。其中，以完成一定工作任务为期限的劳动合同，是指用人单位与劳动者约定以某项工作的完成为合同期限的劳动合同。本案中，李某所应聘的工作就属于上述法条中列明的“以完成一定工作任务为期限”的工作，因此李某完全有权利要求工厂签订针对这一项工作的劳动合同，以保障其在此段工作时间内的合法利益。事实上，签订劳动合同也可以在一定程度上保障工厂的合法权益，降低员工突然离职带来的损失。所以，用人单位与劳动者协商一致，可以订立以完成一定工作任务为期限的劳动合同，合同的期限由双方约定。

法律条文

《中华人民共和国劳动合同法》

第十二条 劳动合同分为固定期限劳动合同、无固定期限劳动合同和以完成一定工作任务为期限的劳动合同。

第十五条 以完成一定工作任务为期限的劳动合同，是指用人单位与劳动者约定以某项工作的完成为合同期限的劳动合同。

用人单位与劳动者协商一致，可以订立以完成一定工作任务为期限的劳动合同。

以完成一定工作任务为期限的劳动合同是以工作任务完成作为终止条件的，工作任务完成的时间就是合同终止的时间。

86. 谁来发放劳务派遣人员的工资？

案例背景

村民高某告别父母进城打工。初到城里的高某经过中介的介绍与某劳务派遣公司签订了为期两年的劳动合同，后该公司将高某派遣至某运输公司做搬运工，告知其每月工资为2500元，次月5日直接发放到工资卡上。高某听后非常高兴，下决心要努力工作。可是直到高某工作将近3个月后，工资卡上都从未收到过一分钱。高某想要讨要工资，但是他不知道是应该找劳务派遣公司要，还是找运输公司要。

学法有疑

那么，劳务派遣员工的工资应该是由谁发放的呢？

法律讲堂

《劳动合同法》第五十八条第二款规定：“劳务派遣单位应当与被派遣劳动者订立二年以上的固定期限劳动合同，按月支付劳动报酬；被派遣劳动者在无工作期间，劳务派遣单位应当按照所在地人民政府规定的最低工资标准，向其按月支付报酬。”此外，该法第五十九条第一款规定：“劳务派遣单位派遣劳动者应当与接受以劳务派遣形式用工的单位（以下称用工单位）订立劳务派遣协议。劳务派遣协议应当约定派遣岗位和人员数量、派遣期限、劳动报酬和社会保险费的数额与支付方式以及违反协议的责任。”由此可知，在劳务派遣关系中，用工单位通过与劳务派遣单位签订劳务派遣协议，由用工单位按照协议约定的支付方式向劳务派遣单位支付劳动报酬，再由作为用人单位的劳务派遣公司给劳动者发放工资。需要注意的是，在现实生活中，为了方便劳动者取工资，在用工单位和劳务派遣单位的劳务派遣协议中，也有约定由用工单位支付工资的情况，这样就解决了许多跨地区派遣劳动者取工资不方便的问题。同时，为了保护被派遣劳动者的利益，《劳动合同法》规定被派遣劳动者在无工作期间，派遣单位应向劳动者支付报酬。本案中，高某作为劳务派遣公司派遣的员工，可以直接向劳务派遣公司讨要工资。

法律条文

《中华人民共和国劳动合同法》

第五十八条第二款　劳务派遣单位应当与被派遣劳动者订立二年以上的固定期限劳动合同，按月支付劳动报酬；被派遣劳动者在无工作期间，劳务派遣单位应当按照所在地人民政府规定的最低工资标准，向其按月支付报酬。

劳务派遣中的劳动合同是不低于两年的固定期限劳动合同，也就是说劳务派遣单位与派遣劳动者之间是劳动关系，派遣单位就是用人单位，其要承担一般用人单位应承担的全部权利义务，如发放工资、缴纳社会保险、支付经济补偿金的义务，还应履行提供劳动保护、安排劳动者休息休假等义务。

87. 劳务派遣公司可以与劳动者采取一年一签合同的方式吗?

案例背景

常某居住在偏远的小山村里，为了挣钱给妻子治病，他决定进城打工。常某因没有文化而四处碰壁，后来找到一家劳务派遣公司，并且顺利通过了公司的面试。当常某与公司签订劳动合同时，他发现公司的合同全是一年期限的。常某以前听别人说过，与劳务派遣公司签订的合同都是两年以上的，没有签过一年的。于是他向人事部负责人询问能否签两年的劳动合同，但得到的答复是所有的合同均是一年期限，到期再续。

学法有疑

那么，劳务派遣公司能采取一年一签劳动合同的形式吗?

法律讲堂

劳务派遣公司不能采取一年一签劳动合同的形式，我国法律规定劳动派遣合同期限最低为两年。从性质上看，劳务派遣公司与劳动者签订的协议属于劳动合同的范畴，但由于其与接受派遣的单位之间关系复杂，其劳动合同存在不同于一般劳动合同的方面，合同期限的规定就是其具体体现。根据《劳动合同法》第五十八条的规定，劳务派遣单位应当与被派遣劳动者订立二年以上的固定期限劳动合同，按月支付劳动报酬；被派遣劳动者在无工作期间，劳务派遣单位应当按照所在地人民政府规定的最低工资标准，向其按月支付报酬。据此可以看出，法律强制要求派遣单位与劳动者签署二年以上的固定期限劳动合同。案例中常某应聘的该劳务派遣公司只与其签订期限为一年的劳动合同是违反法律规定的。

法律条文

《中华人民共和国劳动合同法》

第五十八条 劳务派遣单位是本法所称用人单位，应当履行用人单位对劳动者的义务。劳务派遣单位与被派遣劳动者订立的劳动合同，除应当载明本法第十七条规定的事项外，还应当载明被派遣劳动者的用工单位以及派遣期限、工作岗位等情况。

劳务派遣单位应当与被派遣劳动者订立二年以上的固定期限劳动合同，按月支付劳动报酬；被派遣劳动者在无工作期间，劳务派遣单位应当按照所在地人民政府规定的最低工资标准，向其按月支付报酬。

为避免出现劳务派遣的劳动合同比用人单位的用工时间提前结束或是同时结束的情况，保障被劳务派遣人员的合法权益，《劳动合同法》对劳务派遣单位与被派遣劳动者订立固定期限劳动合同的最短期限作出了限制性规定。

88. 能否在一个派遣期内订立多个派遣协议?

案例背景

王某的父亲是农村的木匠，王某初中毕业后就一直跟随父亲学做木工。2018 年 3 月，王某到城市打工，后经人介绍到某劳务派遣公司工作，并与该公司签订了 3 年的劳动合同。很快，劳务派遣公司就安排王某到一家家具厂工作，工资为每月 3000 元，外加提成，每月休息 4 天。王某在此用工单位实际工作时间为 3 年，王某与公司签订的劳务派遣协议将派遣期分为了三个阶段。刚开始王某倒觉得没什么，反正自己要在那里工作 3 年。但是王某工作两年时间后，既没有休年假，也没有收到年终奖，原因是他的派遣期是分开计算的，王某这才觉得此协议有问题。

学法有疑

那么，劳务派遣公司在一个派遣期内订立多个派遣协议的做法合法吗?

法律讲堂

一个派遣期内签订多个派遣协议的行为是违反法律规定的。《劳动合同法》第五十九条已明确规定，用工单位应当根据工作岗位的实际需要与劳务派遣单位确定派遣期限，不得将连续用工期限分割订立数个短期劳务派遣协议。据此可知，将一个派遣期强制分割的做法是法律所不允许的。此外，该法第六十二条规定，提供与工作岗位相关的福利待遇是用工单位的一项法定义务，是职工享受同工同酬待遇的具体体现。因此，本案中，派遣单位和用工单位以分割派遣期的手段逃避福利待遇的提供是与法律规定相违背的。

法律条文

《中华人民共和国劳动合同法》

第五十九条 劳务派遣单位派遣劳动者应当与接受以劳务派遣形式用工的单位（以下称用工单位）订立劳务派遣协议。劳务派遣协议应当约定派遣岗位和人员数量、派遣期限、劳动报酬和社会保险费的数额与支付方式以及违反协议的责任。

用工单位应当根据工作岗位的实际需要与劳务派遣单位确定派遣期限，不得将连续用工期限分割订立数个短期劳务派遣协议。

第六十二条 用工单位应当履行下列义务：

（一）执行国家劳动标准，提供相应的劳动条件和劳动保护；

（二）告知被派遣劳动者的工作要求和劳动报酬；

（三）支付加班费、绩效奖金，提供与工作岗位相关的福利待遇；

（四）对在岗被派遣劳动者进行工作岗位所必需的培训；

（五）连续用工的，实行正常的工资调整机制。

用工单位不得将被派遣劳动者再派遣到其他用人单位。

分割订立数个短期劳务派遣协议是相关单位躲避为职工缴纳社会保险，进行工资调整，安排年终、假日福利及年休假等法定义务的手段，这对被派遣劳动人员的权益是极大的损害。因此，劳动合同法明确规定禁止将连续用工期限分割订立数个短期劳务派遣协议。

89. 跨地区派遣的，工资待遇应当按照哪个地区标准发放?

案例背景

刘某从小生长在四川农村，一直很向往城市的生活，经过再三考虑决定到成都市打工。刘某到成都市后经人介绍到某劳务派遣公司工作，并且与该派遣公司签订了为期3年的劳务派遣合同，合同约定刘某工资为每月3000元，公司从中提取5%作为管理费，无派遣工作时每月工资200元，不用扣除管理费用。后劳务派遣公司将刘某派遣到北京市某公司任保安，刘某与该公司签订了用工协议，约定工资每月4000元，工资于次月15日发放，周末正常休息。刘某工作一个月后终于等到发工资的时间了，但劳务派遣公司只打给他2450元工资。刘某觉得实际到手的工资与约定工资明显不一致，于是他立即给自己的劳务派遣公司打电话询问，公司表示是按照劳动合同约定的工资发放标准发放的。

学法有疑

跨地区派遣的，工资待遇应当按照哪个地区标准发放?

法律讲堂

刘某的工资应当按照用工单位即北京市某公司制定的每月4000元的工资标准发放。刘某接受劳务派遣公司聘用后并未在成都市本地工作，而是被派到省外即北京市提供劳务，这从性质上分析属于跨地区劳务派遣。《劳动合同法》第六十一条的规定:“劳务派遣单位跨地区派遣劳动者的，被派遣劳动者享有的劳动报酬和劳动条件，按照用工单位所在地的标准执行。”据此，我们可以看出，用工单位的工资标准才是接受跨地区劳务派遣人员的工资发放依据。

根据《劳动合同法》第六十条第三款的规定，劳务派遣单位和用工单位均不得向被派遣劳动者收取费用。案例中劳务派遣公司收取管理费用的行为是与法律相抵触的。据此，以北京某公司的工资水平为执行标准，刘某应得的工资为4000元，劳务派遣公司应补足其差额1550元。

法律条文

《中华人民共和国劳动合同法》

第六十条 劳务派遣单位应当将劳务派遣协议的内容告知被派遣劳动者。

劳务派遣单位不得克扣用工单位按照劳务派遣协议支付给被派遣劳动者的劳动报酬。

劳务派遣单位和用工单位不得向被派遣劳动者收取费用。

第六十一条 劳务派遣单位跨地区派遣劳动者的，被派遣劳动者享有的劳动报酬和劳动条件，按照用工单位所在地的标准执行。

一句话说法

因为劳务派遣往往是由经济较落后而劳动力相对过剩的地区向经济较为发达但劳动力相对短缺的地区进行的，所以用工单位所在地区的劳动条件和劳动报酬条件一般要优于劳务派遣单位所在地区。如果劳务派遣单位通过扣除这部分差价营利，就会严重损害劳动者的合法权益。被派遣员工被派遣到外地工作，就应该按照工作地的工资标准计算工资。

90. 谁来支付被派遣人员的加班费和奖金？

案例背景

杨某家在云南省的一个偏远山区里。为了挣钱，杨某决定进城打工，几经波折后与某劳务派遣公司签订了为期3年的劳务派遣合同，工资按照用工单位工资标准执行，由派遣公司发放。后杨某被派遣到某纺织厂工作，年底时，纺织厂接到一个订单，为了能按时交货，纺织厂公司安排所有员工加班，加班费另算，并承诺12月的工资多发一倍作为奖金。但等到次年1月发放工资时，其他同事都是双倍工资外加加班费，只有杨某一个人没有得到双倍工资，也没有加班费。杨某找到纺织厂的人事部询问，人事部称加班费及其他福利是按照聘用协议的约定来执行的，杨某是劳务派遣员工，只有固定工资，没有加班费和其他福利。

学法有疑

那么，杨某应该得到加班费和其他公司福利吗？这些应该由劳务派遣公司还是由用工单位支付呢？

法律讲堂

杨某当然可以得到加班费和公司福利，这部分费用应由用工单位即本案中的纺织厂来承担。劳务派遣员工应与用工单位的其他职工享受同工同酬的待遇，这就要求用工单位依法支付派遣员工的加班费及其他福利待遇。用工单位在实际组织生产的过程中，要求工作人员加班加点是在所难免的，但由于加班加点具有不特定性，一般不会在用工协议中明确约定其费用的支付情况。根据《劳动合同法》第六十二条的规定，支付加班费、绩效奖金，提供与工作岗位相关的福利待遇是用工单位的一项法定义务，因此具体到本案来看，纺织厂作为实际用工单位，应当向杨某支付加班费和奖金。

法律条文

《中华人民共和国劳动合同法》

第六十二条 用工单位应当履行下列义务：

（一）执行国家劳动标准，提供相应的劳动条件和劳动保护；

（二）告知被派遣劳动者的工作要求和劳动报酬；

（三）支付加班费、绩效奖金，提供与工作岗位相关的福利待遇；

（四）对在岗被派遣劳动者进行工作岗位所必需的培训；

（五）连续用工的，实行正常的工资调整机制。

用工单位不得将被派遣劳动者再派遣到其他用人单位。

一句话说法

被派遣员工提供了与其他员工同样的劳务，那么他们就应该得到与工作岗位相关的福利待遇，即劳务工与用工单位其他职工同工同酬。加班费、绩效奖金、与工作岗位相关的福利待遇等都应当在劳务派遣单位支付的工资之外，由用工单位向被派遣劳动者支付。

91. 被派遣人员有权单方与劳务派遣公司解除劳动合同吗?

案例背景

田某从农村进城务工时就与某劳务派遣公司签订了为期5年的劳务派遣合同，合同约定有派遣任务时工资按照用工单位工资标准执行，没有派遣任务时工资为每月1800元，工资由派遣公司直接支付。不久，田某被派到某公司从事车间工作，每月工资3500元。田某从事此工作也有一年时间了，但每次收到的工资都没有达到协议工资标准，最多的时候只有2500元。田某多次向派遣公司询问未果，于是他决定向该劳务派遣公司提出辞职。

学法有疑

那么，田某能单方解除与劳务派遣公司的劳动合同吗?

法律讲堂

根据《劳动合同法》第六十条第二款的规定："劳务派遣单位不得克扣用工单位按照劳务派遣协议支付给被派遣劳动者的劳动报酬。"由此可知，劳务派遣公司不得克扣田某的劳动报酬。针对劳务派遣单位的恶意克扣行为，《劳动合同法》第三十八条作出了明确规定，用人单位未及时足额支付劳动报酬的，劳动者可以解除劳动合同。据此可知，劳务派遣单位作为用人单位，出现不及时足额支付劳动报酬的情形时，被派遣员工可以单方解除劳动合同。本案中，田某所在的劳务派遣公司连续一年不按照约定的每月3500元工资标准发放工资，田某完全可以向公司提出辞职，同时其也有权要求公司补足拖欠的工资。

法律条文

《中华人民共和国劳动合同法》

第三十八条第一款 用人单位有下列情形之一的，劳动者可以解除劳动合同：

……

（二）未及时足额支付劳动报酬的；

……

第六十条第二款 劳务派遣单位不得克扣用工单位按照劳务派遣协议支付给被派遣劳动者的劳动报酬。

支付劳动报酬是劳动合同中的必备条款，用人单位未按照劳动合同约定及时足额支付劳动报酬，既违反了劳动合同的约定，也是对劳动者合法权益的侵犯，劳动者有权随时告知用人单位解除劳动合同。

92. 当劳动者的权益受到用人单位侵害时，劳动者可采取的救济方法有哪些？

案例背景

佟某原本在农村老家务农，后跟随同村姐妹到城市打工。佟某在一家酒店找到了服务员的工作，她与该酒店签订了为期两年的劳动合同，合同约定佟某的岗位为服务员，工资为每月3500元，工作时间为三班倒，每班工作8小时，企业负责为佟某缴纳社会保险。酒店要求佟某将身份证原件交到人事部，并缴纳1000元押金。佟某为了能有份工作就按照酒店的要求上交了身份证及押金。佟某在该酒店工作了半年，在这段时间里佟某经常加班，周六日也不能休息，但是酒店从未支付过任何加班费用。佟某想辞职，再另找一份工作，酒店将佟某的身份证交还给她，却以佟某未到合同期限辞职为由扣除了押金。

学法有疑

遇到这种情况，佟某应该采取什么方法保障自身权益呢？

法律讲堂

佟某应该勇敢地站出来，积极与酒店沟通协商，依法来维护自己的合法权益。根据《劳动合同法》第九条、第三十条的规定，可以看出酒店有以下几点做法是违反法律规定的：第一，酒店收取佟某1000元押金、扣押身份证的行为违法；第二，加班时间过长不符合法律规定；第三，经常要求佟某加班，却从没有支付过加班工资，也涉嫌违法。面对酒店的种种违法行为，佟某应该先与酒店老板协商解决，协商不成的，可根据《劳动合同法》第七十七条的规定要求有关部门依法处理，即到酒店所在辖区的劳动监察部门举报酒店的不法行为，或者依法申请劳动仲裁、提起诉讼。

法律条文

《中华人民共和国劳动合同法》

第九条 用人单位招用劳动者，不得扣押劳动者的居民身份证和其他证件，不得要求劳动者提供担保或者以其他名义向劳动者收取财物。

第三十条 用人单位应当按照劳动合同约定和国家规定，向劳动者及时足额支付劳动报酬。

用人单位拖欠或者未足额支付劳动报酬的，劳动者可以依法向当地人民法院申请支付令，人民法院应当依法发出支付令。

第三十一条 用人单位应当严格执行劳动定额标准，不得强迫或者变相强迫劳动者加班。用人单位安排加班的，应当按照国家有关规定向劳动者支付加班费。

第七十七条 劳动者合法权益受到侵害的，有权要求有关部门依法处理，或者依法申请仲裁、提起诉讼。

一旦自身的权益受损后，劳动者就要及时拿起法律武器保护自己。任何时候，都有法律做我们的坚强后盾。

93. 劳动合同里能否约定“发生伤亡事故用人单位概不负责”？

案例背景

农村小伙儿魏某初中毕业后在外打了几年工，觉得没什么出息，也攒不下钱，便考取了大货车驾驶证当起了司机，并与某运输公司签订了一份为期5年的劳动合同，合同中有“发生伤亡事故本公司概不负责”的条款。之后不久，魏某在一次出车中，由于路况不明，与路上其他车辆相撞，导致脑部受伤，并留下了后遗症。事故发生后，魏某一家无力承担巨额的医疗费用，遂要求公司支付医疗费用。运输公司则以劳动合同中早有约定为由，声称此次事故与公司完全没有关系，拒绝支付魏某的医疗费用。

学法有疑

魏某与公司约定“发生伤亡事故本公司概不负责”的合同是否有效？

法律讲堂

根据《劳动合同法》第二十六条第一款第（二）项的规定，用人单位免除自己的法定责任、排除劳动者权利的合同无效或者部分无效。本案中，魏某与运输公司签订的合同中约定“发生伤亡事故本公司概不负责”的条款是无效的，其余条款如果没有违反相关的法律规定，应视为有效。运输行业是比较危险的行业，一些运输公司为了减少支出、扩大收益，便会要求职工签订包含“发生伤亡事故本公司概不负责”等类似条款的合同。这些条款加重了劳动者的负担，有失公平，因此不能成为免责事由，公司不能以此作为逃避责任的理由。魏某的家属可以主张自己的合法权利，要求公司支付医疗费用。

法律条文

《中华人民共和国劳动合同法》

第二十六条 下列劳动合同无效或者部分无效：

（一）以欺诈、胁迫的手段或者乘人之危，使对方在违背真实意思的情况下订立或者变更劳动合同的；

（二）用人单位免除自己的法定责任、排除劳动者权利的；

（三）违反法律、行政法规强制性规定的。

对劳动合同的无效或者部分无效有争议的，由劳动争议仲裁机构或者人民法院确认。

一句话说法

用人单位不能为了使自己的利益最大化而去损害劳动者的合法权益。劳动合同里约定发生伤亡事故用人单位概不负责的内容是无效的。

94. 劳务派遣公司有权向派遣的劳动者收取介绍费吗?

案例背景

马某系山东省某县某村村民，中专毕业后便独自一人到城里打工。由于马某在中专学了电气焊，因此很快被一家劳务派遣公司录取。同时，该劳务派遣公司向马某承诺会给他联系工作单位，并且会为其缴纳一定的社会保险。马某觉得刚到城里就有这么好的事情，心里非常满足。第三天，劳务派遣公司把马某安排到一家电焊厂上班，工资是每个月3000元，可以随时准备上班。但是，劳务派遣公司又告知马某必须缴纳介绍费500元。马某虽是中专毕业，但也懂一点法律，就对劳务派遣公司称，自己没有义务向他们缴纳介绍费，并指出了劳务派遣公司的做法属于违法行为。

学法有疑

那么，劳务派遣公司有权利向劳务派遣人员收取介绍费吗?

法律讲堂

本案中出现的情况在现实生活中也很常见，很多劳务派遣组织是以劳务承包或劳务中介为主，兼营劳务派遣的。这些组织认为自己向劳动者提供了服务，因而有权利从中提取一定数额的钱作为自己的劳动所得。但是，《劳动合同法》第九条规定："用人单位招用劳动者，不得扣押劳动者的居民身份证和其他证件，不得要求劳动者提供担保或者以其他名义向劳动者收取财物。"同时，《劳动合同法》第六十条第三款也规定："劳务派遣单位和用工单位不得向被派遣劳动者收取费用。"由此可见，劳务派遣公司以劳务派遣的名义招用劳动者，双方应当依照《劳动合同法》第五十八条的规定，签订两年以上固定期限的劳动合同。劳务派遣组织的性质不同于"职业中介"，不能以给劳动者介绍工作为由，收取任何费用。结合案例说明，劳务派遣公司招聘马某到公司工作，就有义务为其进行劳务派遣，但无权以介绍工作为由向马某收取介绍费。

法律条文

《中华人民共和国劳动合同法》

第九条 用人单位招用劳动者，不得扣押劳动者的居民身份证和其他证件，不得要求劳动者提供担保或者以其他名义向劳动者收取财物。

第六十条 劳务派遣单位应当将劳务派遣协议的内容告知被派遣劳动者。

劳务派遣单位不得克扣用工单位按照劳务派遣协议支付给被派遣劳动者的劳动报酬。

劳务派遣单位和用工单位不得向被派遣劳动者收取费用。

用人单位招聘劳动者不能变相收取费用，无论是以押金、借款，还是以服装费等形式收费都是法律所禁止的。用人单位不能扣押劳动者的居民身份证或者其他证件，如暂住证、资格证书和其他证明个人身份的证件等。上述规定都是防止用人单位为了控制劳动者而侵犯劳动者的权益。

95. 商场可以用代金券冲抵保洁员的工资吗？

案例背景

秦姨是响水村人，一直在S市某商场做保洁员，除去社会保险费应该扣缴的部分，秦姨每个月到手的工资有2500元左右。往年，商场除了会给当年的退休职工开欢送会，还会发不少红包。今年，商场的效益越来越差，眼见着秦姨要退休了，年终也到了，不仅欢送会没有筹备起来，商场连工资都发不出来了。发工资这天，秦姨的主管对她说，现在经济不景气，公司现金流跟不上，希望秦姨发挥老员工的带头作用，领商场代金券当工资用。秦姨听了之后觉得不行，自己要靠工资养活自己，商场的东西贵，就算给她代金券她也没法用，遂拒绝了主管的提议。谁知主管却说秦姨不识时务。

学法有疑

商场的做法对吗？可以用代金券冲抵保洁员的工资吗？

法律讲堂

商场的做法错误。劳动者的工资不能被任何实物或有价证券冲抵或替代。我国《保障农民工工资支付条例》第十一条规定："农民工工资应当以货币形式，通过银行转账或者现金支付给农民工本人，不得以实物或者有价证券等其他形式替代。"可见，用人单位发工资时，应当以货币形式支付，否则就违反了法律规定。同时，该条例第五十四条规定，用人单位通过实物、有价证券等形式代替货币支付农民工工资的，需要接受行政处罚，如限期改正甚至罚款等。

案例中，秦姨是在S市务工的农民，根据前述法律规定可知，用人单位应当通过银行转账或现金支付的方式向秦姨支付工资。工资是秦姨的基本生活来源，公司不能以经营困难为由以代金券冲抵工资。秦姨的顾虑是正确的，公司的提议会侵害劳动者的合法权益。

法律条文

《保障农民工工资支付条例》

第十一条 农民工工资应当以货币形式，通过银行转账或者现金支付给农民工本人，不得以实物或者有价证券等其他形式替代。

第五十四条 有下列情形之一的，由人力资源社会保障行政部门责令限期改正；逾期不改正的，对单位处2万元以上5万元以下的罚款，对法定代表人或者主要负责人、直接负责的主管人员和其他直接责任人员处1万元以上3万元以下的罚款：

（一）以实物、有价证券等形式代替货币支付农民工工资；

（二）未编制工资支付台账并依法保存，或者未向农民工提供工资清单；

（三）扣押或者变相扣押用于支付农民工工资的银行账户所绑定的农民工本人社会保障卡或者银行卡。

无论是用人单位还是劳动者都应当注意，工资是劳动者基于其付出的劳动而应得的报酬，应当通过货币形式支付给劳动者。现实生活中，不少企业因发不出工资就用货物、债券等形式替代，这种做法是违法的，遇到这种情况，劳动者要坚决抵制，不能让自己的工资变成一堆无用的物品。

96. 劳务派遣的农民工被拖欠工资，该找谁付？

案例背景

某村村民帆帆家境贫寒，高中毕业后就出去打工了。她在同乡姐姐的介绍下签订了一家劳务派遣公司K公司，但这家公司很久都没给帆帆安排工作。后来帆帆才知道，公司根本没有劳务派遣许可证。正在帆帆决定换家公司时，公司派遣她到一家快餐店当服务员。见工资福利不错，帆帆就去了。谁知道，工作了没几个月，帆帆就开始收不到工资了。问快餐店时，快餐店说自己只是用工单位，不负责发工资；问派遣公司时，公司却让她找快餐店要。帆帆已经3个月没收到工资了，她该找谁支付呢？

学法有疑

请问，劳务派遣的农民工被拖欠工资，该找谁支付呢？

法律讲堂

劳务派遣的农民工被拖欠工资的，一般情况下，劳动者应该找劳务派遣单位支付。但是，如果接受劳务派遣的单位使用了个人或不具备劳务派遣资格的单位派遣的劳动者时，接受劳务派遣的单位也有向被拖欠工资的劳动者支付工资的义务。

劳务派遣法律关系不同于普通的劳动关系，较为复杂。在劳务派遣中，劳务派遣单位是用人单位，接受劳务派遣的单位是用工单位，被派遣劳动者与劳务派遣单位成立劳动关系，与接受劳务派遣的单位成立用工关系。案例中，K公司和快餐店分别是用人单位和用工单位。根据《劳动合同法》第六十条第二款的规定可知，劳务派遣单位负有向劳动者支付报酬的义务。但是，社会上存在许多不合格的劳务派遣公司，为了使劳动者的工资权益得到保障，《保障农民工工资支付条例》第十八条特别规定："用工单位使用个人、不具备合法经营资格的单位或者未依法取得劳务派遣许可证的单位派遣的农民工，拖欠农民工工资的，由用工单位清偿，并可以依法进行追偿。”由此可见，当接受劳务派遣的单位违规使用了不合规的劳务派遣公司派遣的农民工时，如果劳务派遣公司没有按时给劳动者发放工资的，接受劳务派遣的单位要为它的过错付出代价，应当先行向劳动者清偿工资，但以后可以向劳务派遣公司追偿该部分款项。

案例中，K 公司没有劳务派遣许可证，是不合规的劳务派遣公司，快餐店使用了这家公司派遣的劳动者，这本就是不合法的。所以，就算快餐店没有直接向劳动者支付工资的义务，在 K 公司拖欠帆帆工资时，快餐店也应当先行向帆帆支付工资。所以，如果 K 公司不能支付工资的话，帆帆可以找快餐店支付。

法律条文

《中华人民共和国劳动合同法》

第六十条第二款 劳务派遣单位不得克扣用工单位按照劳务派遣协议支付给被派遣劳动者的劳动报酬。

《保障农民工工资支付条例》

第十八条 用工单位使用个人、不具备合法经营资格的单位或者未依法取得劳务派遣许可证的单位派遣的农民工，拖欠农民工工资的，由用工单位清偿，并可以依法进行追偿。

保护劳动者的工资权益是劳动法的重要内容，劳务派遣单位拖欠劳动者工资的，接受劳务派遣的单位也可能负有先行支付工资的义务。

97. 挂靠的公司拖欠农民工工资，被挂靠的公司要承担责任吗?

案例背景

某公司是一家有多项资质的建筑公司。该公司董事会成员李某的妻子黄某开了家装修公司，名称与某公司非常相似。该装修公司经常打着某公司的旗号甚至直接以某公司的名义开展经营活动，某公司也表示默认，甚至会给装修公司背书。2018年，谢某等多名进城务工人员就是因为看重某公司的名义进的装修公司。这两年，该装修公司挂靠着某公司，借着该公司的名义和资质（一级装修资质）承揽了不少业务。2019年年底，该装修公司高管卷款潜逃，导致谢某等人的工资被拖欠。谢某等人找到某公司讨薪，某公司觉得很冤枉，拒绝向他们支付工资。

学法有疑

挂靠的公司拖欠农民工工资，被挂靠的公司需要代它支付工资吗?

法律讲堂

挂靠人拖欠农民工工资的，被挂靠人需要代其支付工资，并可以依法追偿。建筑行业中的挂靠是指公司允许其他人或单位在一定期间内使用自己的名义对外承接工程，其中允许他人使用自己名义的公司为被挂靠人，使用被挂靠公司名义开展经营的就是挂靠人。我国《保障农民工工资支付条例》第十九条第二款明确规定：“用人单位允许个人、不具备合法经营资格或者未取得相应资质的单位以用人单位的名义对外经营，导致拖欠所招用农民工工资的，由用人单位清偿，并可以依法进行追偿。”根据该规定可知，被挂靠人需要为挂靠人的拖欠工资行为买单，也就是说，挂靠人拖欠农民工工资的，被挂靠人要负责清偿。

案例中，某公司就是该条规定中的“用人单位”，也是被挂靠人，该公司允许没有一级装修资质的装修公司以自己的名义开展对外经营，本就属于违规行为。此后，装修公司又拖欠了其招用的农民工工资，根据前述法律的规定，某公司负有清偿农民工工资的义务。不过，其在清偿之后，可以向装修公司追偿。

法律条文

《保障农民工工资支付条例》

第十九条 用人单位将工作任务发包给个人或者不具备合法经营资格的单位，导致拖欠所招用农民工工资的，依照有关法律规定执行。

用人单位允许个人、不具备合法经营资格或者未取得相应资质的单位以用人单位的名义对外经营，导致拖欠所招用农民工工资的，由用人单位清偿，并可以依法进行追偿。

农民工工资是农民工及其家庭的重要生活来源，任何单位不得拖欠。发生欠薪时，应当以保护农民工的工资权益为重。所以，挂靠的公司拖欠农民工工资，哪怕被挂靠的公司并不是直接的用人单位，也应当向农民工支付工资。

98. 从事建筑工作的农民的工资如何得到保障？

案例背景

植福村的张伯伯在农村干了十几年瓦匠，村内、村外的房子从挖地基到搞装修，几乎都有张伯伯的参与。这两年，村里人时兴到城里买房，张伯伯的业务是一年比一年差，收入也越来越低。今年春节，张伯伯的侄子让张伯伯跟着他的工程队去城里的建筑工地工作。张伯伯大半辈子都在农村盖瓦房，也有去城里盖高楼大厦的心思。可他一想到在电视上看到的工地拖欠农民工工资的新闻就犹豫了，在农村都是直接找业主拿现钱，去工程队了要等人家发工资，运气不好的，连工资都得不到。张伯伯的侄子苦口婆心地劝他，说这种情况基本不可能出现，国家对建筑行业的农民工可是出台了法律规定予以保障的。

学法有疑

那么，法律是如何保障建筑行业农民工的工资权益的呢？

法律讲堂

为了保障农民工能得到他们起早贪黑、千辛万苦挣出来的工资，《保障农民工工资支付条例》第二十四条、第二十九条、第五十七条特别设置了建筑农民工的工资保障支付机制。首先，明确责任机制，妥善处理工资支付问题：建设单位要以项目为单位建立保障农民工工资支付协调机制和工资拖欠预防机制，督促施工总承包单位加强劳动用工管理，妥善处理与农民工工资支付相关的矛盾纠纷。其次，实行工程款担保、确定拨付周期、设置专用账户，预防拖欠工资的情形发生：一是建设单位应当向施工单位提供支付工程款的担保，以确保施工单位能够得到工程款，可以发放工资。二是建设工程施工合同中必须明确工程的人工费用拨付周期（不得超过1个月），该费用必须符合保障农民工工资按时足额支付的要求。三是设置农民工工资专用账户，建设单位必须将人工费用按期足额支付到该账户中，并对施工总承包单位农民工工资支付情况进行监督。再次，先行垫付，保护农民工的工资权益：如果建设单位未能及时支付工程款导致农民工工资被拖欠的，未结清的工程款须首先用于垫付农民工工资。最后，规定严格的法律责任，倒逼用人单位依法保护农民工合法权益：如果建设单位没有设置担保、专用账户或按时足额拨付人工费用的，将面临行政处罚，如限期改正、停工、罚款等。

案例中，张伯伯的担忧不无道理，现实生活中确实出现了不少农民工讨薪的事件，这在建筑行业中更是亟待处理的问题。为此，《保障农民工工资支付条例》特别制定了建筑行业农民工的工资保障机制，能够为他们提供更多保护。

法律条文

《保障农民工工资支付条例》

第二十四条 建设单位应当向施工单位提供工程款支付担保。

建设单位与施工总承包单位依法订立书面工程施工合同，应当约定工程款计量周期、工程款进度结算办法以及人工费用拨付周期，并按照保障农民工工资按时足额支付的要求约定人工费用。人工费用拨付周期不得超过1个月。

建设单位与施工总承包单位应当将工程施工合同保存备查。

第二十九条 建设单位应当按照合同约定及时拨付工程款，并将人工费用及时足额拨付至农民工工资专用账户，加强对施工总承包单位按时足额支付农民工工资的监督。

因建设单位未按照合同约定及时拨付工程款导致农民工工资拖欠的，建设单位应当以未结清的工程款为限先行垫付被拖欠的农民工工资。

建设单位应当以项目为单位建立保障农民工工资支付协调机制和工资拖欠预防机制，督促施工总承包单位加强劳动用工管理，妥善处理与农民工工资支付相关的矛盾纠纷。发生农民工集体讨薪事件的，建设单位应当会同施工总承包单位及时处理，并向项目所在地人力资源社会保障行政部门和相关行业工程建设主管部门报告有关情况。

第五十七条 有下列情形之一的，由人力资源社会保障行政部门、相关行业工程建设主管部门按照职责责令限期改正；逾期不改正的，责令项目停工，并处5万元以上10万元以下的罚款：

（一）建设单位未依法提供工程款支付担保；

（二）建设单位未按约定及时足额向农民工工资专用账户拨付工程款中的人工费用；

（三）建设单位或者施工总承包单位拒不提供或者无法提供工程施工合同、农民工工资专用账户有关资料。

拖欠农民工工资不仅会使农民工本人及其家人利益受损，而且还会严重影响建筑单位的商业信誉。同时，这种拖欠农民工工资的行为也是违法的。建设单位和施工单位都应该依法诚信经营。农民在建筑行业务工的，应当注意所在单位是否合规，尤其是在工资支付保障方面，一定要有担保，有专用账户，有明确的合同约束。

99. 分包或转包后拖欠农民工工资的，应由谁来首先负责清偿？

案例背景

甲公司和乙公司是兄弟公司，两家公司长期有业务往来。2018年，甲公司承包了一个住宅小区的建设施工项目。由于该项目投入多、体量大，甲公司将其中一部分工程依法分包给了乙公司，由乙公司担任实际施工人参与工程建设。乙公司的A组施工队专门负责该项目的施工工作，成员基本上都是进城务工人员。2019年年中，乙公司负责的主体部分还差一点儿就要完工时，施工队却撂挑子不干了。经了解才知道，原来乙公司并没有按时发放工资，截至停工时，施工队已经3个月没领到工资了。为了讨薪，施工队不得已罢工。现在，建设单位、甲公司和乙公司都认为拖欠工资不是自己的责任。

学法有疑

请问，工程分包或转包后拖欠农民工工资的，该由谁承担支付工资的首要责任？

法律讲堂

工程转包或分包之后，转包单位或分包单位拖欠农民工工资的，施工总承包单位应当承担先行清偿的责任。建设工程项目分包或转包之后，主体间的法律关系较为复杂，除建设单位和总承包单位外，还涉及分包方或转包方。为了保障农民工的工资不因任何一个环节的错漏而无法到达农民工手上，《保障农民工工资支付条例》第三十条规定："分包单位对所招用农民工的实名制管理和工资支付负直接责任。施工总承包单位对分包单位劳动用工和工资发放等情况进行监督。分包单位拖欠农民工工资的，由施工总承包单位先行清偿，再依法进行追偿。工程建设项目转包，拖欠农民工工资的，由施工总承包单位先行清偿，再依法进行追偿。”据此可知，分包或转包之后，分包单位或转包单位拖欠农民工工资的，总承包单位应当承担农民工工资支付的首要责任，其承担清偿责任后，可以向分包方或转包方进行追偿。

案例中，甲公司将部分工程分包给乙公司，甲公司是总承包方，乙公司是分包方，乙公司拖欠施工队工资时，甲公司应当先行清偿。

法律条文

《保障农民工工资支付条例》

第三十条　分包单位对所招用农民工的实名制管理和工资支付负直接责任。

施工总承包单位对分包单位劳动用工和工资发放等情况进行监督。

分包单位拖欠农民工工资的，由施工总承包单位先行清偿，再依法进行追偿。

工程建设项目转包，拖欠农民工工资的，由施工总承包单位先行清偿，再依法进行追偿。

建设工程项目转包或分包之后，转包方或分包方拖欠农民工工资的，总承包方需要先行清偿农民工工资。

100. 工地上的维权信息告示牌有什么作用?

案例背景

小张今年大一，在某大学学习工程造价专业。寒假期间，学院组织学生们到某建设工程项目现场实地体验，希望学生们经过这次体验之后，能够更加深入地认识到所学专业是如何应用到实践中的。小张等人到达工地后，发现大门口不仅摆放了与安全施工相关的标语，还张贴了“维权信息告示牌”，告示牌上面写着项目有关单位和管理人员的信息，还在下方列明了当地工程建设主管部门、劳动监察大队的投诉举报电话，以及劳动争议调解仲裁申请渠道、法律援助申请渠道、公共法律服务热线。

学法有疑

那么，建设工地上的维权信息告示牌有什么作用?

法律讲堂

维权信息告示牌是为了帮助劳动者了解项目单位和管理人员的基本信息、当地最低工资标准、工资支付日期等信息及劳动者维权渠道。《保障农民工工资支付条例》第三十四条要求，施工总承包单位应当在施工现场的醒目位置设立维权信息告示牌，告示牌应当明示以下内容：第一，建设单位、施工总承包单位及所在项目部、分包单位、相关行业工程建设主管部门、劳资专管员等基本信息，以便劳动者准确找到责任单位和人员；第二，当地最低工资标准、工资支付日期等基本信息，以便于劳动者了解自己的工资水平和工资支付情况；第三，相关行业工程建设主管部门和劳动保障监察投诉举报电话、劳动争议调解仲裁申请渠道、法律援助申请渠道、公共法律服务热线等信息，这是为了方便劳动者求助，及时保护自己的合法权益。需要注意的是，维权信息公示牌是施工总承包单位必须设置的，如有违反，将会受到行政处罚。

案例中，小张等人所看到的维权信息告示牌，是项目施工总承包单位为实施施工现场维权信息公示制度而设置的。但是，该告示牌仍然存在疏漏之处。例如，缺乏当地最低工资标准、工资支付日期等信息，应当依法补足。

法律条文

《保障农民工工资支付条例》

第三十四条 施工总承包单位应当在施工现场醒目位置设立维权信息告示牌，明示下列事项：

（一）建设单位、施工总承包单位及所在项目部、分包单位、相关行业工程建设主管部门、劳资专管员等基本信息；

（二）当地最低工资标准、工资支付日期等基本信息；

（三）相关行业工程建设主管部门和劳动保障监察投诉举报电话、劳动争议调解仲裁申请渠道、法律援助申请渠道、公共法律服务热线等信息。

第五十六条 有下列情形之一的，由人力资源社会保障行政部门、相关行业工程建设主管部门按照职责责令限期改正；逾期不改正的，处5万元以上10万元以下的罚款：

（一）分包单位未按月考核农民工工作量、编制工资支付表并经农民工本人签字确认；

（二）施工总承包单位未对分包单位劳动用工实施监督管理；

（三）分包单位未配合施工总承包单位对其劳动用工进行监督管理；

（四）施工总承包单位未实行施工现场维权信息公示制度。

施工总承包单位应当依法实施施工现场维权信息公示制度，劳动者或他人发现施工总承包单位未履行此义务的，可以向当地人力资源社会保障行政部门和相关行业工程建设主管部门投诉、举报。

第11章 农村教育、医疗卫生、防疫问题

101. 学校有权强制学生购买校服吗?

案例背景

小刚家住在陕西省一个偏僻的小山村，以前村里没有学校，上小学的孩子每天要走20多里的山路去隔壁村上学。小刚到了上学的年纪，刚好村里新建了一所希望小学，小刚的父母都非常高兴。小刚的父母只有小刚一个儿子，他们省吃俭用为孩子准备上学的费用。因为家境不富裕，小刚的父母还向亲戚朋友借了些钱。9月1日，开学的日子终于到了，小刚高高兴兴地去上学了。回家后，小刚兴奋地跟父母讲述在学校的见闻，并提到了老师让买校服的事。小刚妈妈一听便皱了眉，问孩子是否可以不买校服。小刚很为难，说老师要求每个人都得穿校服，不然不让进教室。

学法有疑

学校有权强制学生购买校服吗？小刚老师的说法是否妥当？

法律讲堂

学校无权强制学生购买校服，小刚老师的说法不妥当。根据《义务教育法》第二条和第二十五条的规定，国家实行九年义务教育制度。义务教育不收取学费、杂费，学校不得违反国家规定收取费用，不得以向学生推销或者变相推销商品、服务等方式谋取利益。否则，学校将按照该法第五十六条第一款、第二款的规定承担法律

责任，如由县级人民政府教育行政部门责令退还所收费用、没收违法所得、对直接负责的主管人员和其他直接责任人员依法给予处分等。

根据《教育部办公厅关于进一步做好农村义务教育经费保障机制改革实施工作的通知》，实施新机制的地区，要全面清理农村义务教育阶段中小学的收费项目，从2006年春季开始，农村义务教育阶段学校除可按“一费制”规定的额度收取课本费、作业本费和寄宿生住宿费外，严禁再向学生收取其他任何费用。不得向学生收费统一购买教学辅导材料和学具，不得要求学生统一购买校服、卧具等。暂未实施新机制的地区，仍按“一费制”办法收杂费、课本费、作业本费，并严格公示。要加强监督检查，坚决杜绝各种形式的教育乱收费。

现实中，很多学校都有各自的校服，但学校不能强制学生购买。案例中“不穿校服不让进教室”的做法也是一种变相强制，因此老师的说法十分不妥。学校及其他教育机构违反国家有关规定向受教育者收取费用的，由教育行政部门责令退还所收费用；对直接负责的主管人员和其他直接责任人员，依法给予行政处分。

法律条文

《中华人民共和国义务教育法》

第二条 国家实行九年义务教育制度。

义务教育是国家统一实施的所有适龄儿童、少年必须接受的教育，是国家必须予以保障的公益性事业。

实施义务教育，不收学费、杂费。

国家建立义务教育经费保障机制，保证义务教育制度实施。

第二十五条 学校不得违反国家规定收取费用，不得以向学生推销或者变相推销商品、服务等方式谋取利益。

第五十六条第一款 学校违反国家规定收取费用的，由县级人民政府教育行政部门责令退还所收费用；对直接负责的主管人员和其他直接责任人员依法给予处分。

第二款 学校以向学生推销或者变相推销商品、服务等方式谋取利益的，由县级人民政府教育行政部门给予通报批评；有违法所得的，没收违法所得；对直接负责的主管人员和其他直接责任人员依法给予处分。

《教育部办公厅关于进一步做好农村义务教育经费保障机制改革实施工作的通知》

四、严格规范收费行为。

实施新机制的地区，要全面清理农村义务教育阶段中小学的收费项目，从今年春季开始，农村义务教育阶段学校除可按“一费制”规定的额度收取课本费（不含按规定享受免费教科书的学生）、作业本费和寄宿生住宿费外，严禁再向学生收取其他任何费用。不得向学生收费统一购买教学辅导材料和学具，不得要求学生统一购买校服、卧具等。暂未实施新机制的地区，仍按“一费制”办法收杂费、课本费、作业本费，并严格公示。要加强监督检查，坚决杜绝各种形式的教育乱收费。

义务教育具有公益性，力求让所有适龄儿童接受义务教育，实现公民受教育权的平等，保障社会的基本公平正义。接受义务教育的儿童除需缴纳国家规定的基本费用外，无须再缴纳其他不合理费用。

102. 小学生具备怎样的条件，才能成为希望工程的资助对象？

案例背景

小娇家住在云南省某偏僻的农村，她是家里的独女，父母都是老实本分的农民。因为小娇的父母要孩子时年纪较大，所以二人并没有像其他年轻人一样出去打工挣钱，而是陪在孩子身边。由于没有其他的经济来源，小娇一家的日子过得十分拮据。2018 年，小娇到了上学的年纪，父母高高兴兴地为她准备了上学的费用和物品。为了让小娇能够顺利上学，她的父母一直省吃俭用，早上连一口咸菜都舍不得吃。懂事的小娇看在眼里，疼在心上。上学后，小娇非常开心，学习也十分刻苦，成绩优异，老师们对她都赞不绝口。但小娇一直有心事，就是希望能替父母减轻负担。她从老师那里得知自己可以接受希望工程资助，就想申请一下。

学法有疑

那么，小娇怎样才能成为希望工程的资助对象？

法律讲堂

根据中国青少年发展基金会发布的《希望工程学生资助管理规则》第九条的规定："希望工程学生资助的对象为来自农村贫困地区品学兼优、家庭经济困难的小学生（包括进城务工农民工子女），初中生、高中生（包括职业教育），以及考入高等院校的全日制本科大学生。"本案中，小娇家住农村，家境贫寒，学业成绩优异，应该是符合接受资助标准的，其可以通过以下程序成为受资助学生：

（一）县（市）希望工程实施机构根据中国青基会或希望工程服务商标被许可人（以下简称"安排资助名额的机构"）的具体要

求将资助学生名额分配至各学校；

（二）学校将资助名额、资助金额、申请资助条件及申请受理时限等信息在校园公布；

（三）小学生、初中生和高中生的资助实行本人申请制（小学低年级学生可在家长或老师的帮助下申请），符合受助条件的学生向学校提出申请，填写中国青基会制定的申请表，小学生、初中生填写《“希望工程 1+1”学生资助申请表》，高中生填写《“希望之星”学生资助申请表》（以下称《申请表》），申请表中须有学校及村委会意见，申请人信息须准确无误；

（四）学校初审后将待资助学生信息在校园内公示，公示期不低于 7 天，公示文中须注明县级希望工程实施机构及安排资助名额的机构监督电话；公示无异议后，报县（市）希望工程实施机构；

（五）县（市）希望工程实施机构须对上报的待资助学生的《申请表》进行审核，按不低于 10% 的比例进行抽样调查，填写《“希望工程学生资助”受助生抽样调查表》（以下称《调查表》）。县（市）希望工程实施机构对待资助学生的真实性负责；

（六）县（市）希望工程实施机构将《申请表》《调查表》上报至安排资助名额的机构；

（七）安排资助名额的机构对上报的名单进行最终核准，通过希望工程学生资助管理信息系统进行捐赠人与受益人的“一助一”结对处理。

法律条文

《希望工程学生资助管理规则》

第九条 资助对象

希望工程学生资助的对象为来自农村贫困地区品学兼优、家庭经济困难的小学生（包括进城务工农民工子女），初中生、高中生（包括职业教育），以及考入高等院校的全日制本科大学生。

第十条 申请条件及程序

（一）申请条件

1. 家庭经济困难，家庭人均收入符合政府确定的扶贫标准；

2. 品学兼优；

3. 符合上述条件的少数民族学生、孤儿、单亲家庭学生、残疾学生及其他符合社会优抚条件家庭的学生在同等条件下享有优先受资助的权利。

（二）受资助学生产生程序

1. 受资助小学生、初中生和高中生的产生程序

(1) 县（市）希望工程实施机构根据中国青基会或希望工程服务商标被许可人（以下简称“安排资助名额的机构”）的具体要求将资助学生名额分配至各学校；

……

希望工程的实施，解决了贫困儿童的上学问题，改善了贫困地区的办学条件，促进了基础教育的发展。现实中很多孩子在希望工程的资助下出色地完成了学业，改变了自己的命运；经济条件较差的家庭要善于寻求希望工程的帮助，保障孩子接受义务教育的权利。

103. 什么机构负责鉴定医疗事故?

案例背景

秦某某感觉自己左眼视力模糊，看东西总是不清楚，被家人送至甲县某医院就诊。该医院医生经过检查后，认定秦某某左眼患有白内障，建议其进行手术治疗。在手术过程中，由于主治医生的操作失误造成了秦某某左眼完全失明。该医院主动提出与秦某某和解，但是双方对于赔偿金额没有达成一致意见。于是，秦某某向甲县卫生局提出申请，要求就该医疗事故的争议进行处理。该县卫生局接到申请后，认为需要进行医疗事故技术鉴定。

学法有疑

鉴定秦某某左眼完全失明是否构成医疗事故应该由什么机构负责?

法律讲堂

《医疗事故处理条例》第二十条规定："卫生行政部门接到医疗机构关于重大医疗过失行为的报告或者医疗事故争议当事人要求处理医疗事故争议的申请后，对需要进行医疗事故技术鉴定的，应当交由负责医疗事故技术鉴定工作的医学会组织鉴定；医患双方协商解决医疗事故争议，需要进行医疗事故技术鉴定的，由双方当事人共同委托负责医疗事故技术鉴定工作的医学会组织鉴定。"第二十一条规定："设区的市级地方医学会和省、自治区、直辖市直接管辖的县（市）地方医学会负责组织首次医疗事故技术鉴定工作。省、自治区、直辖市地方医学会负责组织再次鉴定工作。必要时，中华医学会可以组织疑难、复杂并在全国有重大影响的医疗事故争议的技术鉴定工作。"根据上述规定可知，本案中，秦某某向甲县卫生局提出处理该医疗事故争议的申请，甲县卫生局认为需要鉴定秦某某左眼完全失明是否构成医疗事故，此事应该由甲县卫生局交由负责医疗事故技术鉴定工作的医学会组织鉴定。

法律条文

《医疗事故处理条例》

第二十条 卫生行政部门接到医疗机构关于重大医疗过失行为的报告或者医疗事故争议当事人要求处理医疗事故争议的申请后，对需要进行医疗事故技术鉴定的，应当交由负责医疗事故技术鉴定工作的医学会组织鉴定；医患双方协商解决医疗事故争议，需要进行医疗事故技术鉴定的，由双方当事人共同委托负责医疗事故技术鉴定工作的医学会组织鉴定。

第二十一条 设区的市级地方医学会和省、自治区、直辖市直接管辖的县（市）地方医学会负责组织首次医疗事故技术鉴定工作。省、自治区、直辖市地方医学会负责组织再次鉴定工作。

必要时，中华医学会可以组织疑难、复杂并在全国有重大影响的医疗事故争议的技术鉴定工作。

医疗事故技术鉴定对于鉴定人员的专业知识和能力等有着非常高的要求，对于医疗事故当事人的权利和利益有着重大的影响。所以，对于医疗事故鉴定机构的专业性和专门性提出要求是十分有必要的。

104. 可能感染传染病但拒不配合医疗机构进行检验的，违法吗？

案例背景

2020 年春节期间，新型冠状病毒肺炎暴发。为了防止疫情进一步加重，各地都开展了严格的管控措施。村民王某作为高风险地区返回者之一，在自我居家隔离观察期间出现了发烧的症状。镇卫生院将其情况上报到县里后，县医院通知王某去医院做隔离观察和检验。王某一方面害怕自己一旦被确诊，会与家人暂时分离；另一方面心存侥幸，认为自己只是简单的感冒，因此拒绝前往县医院。

学法有疑

那么，王某的做法违法吗？

法律讲堂

王某的做法是违法的。《传染病防治法》第十二条第一款规定："在中华人民共和国领域内的一切单位和个人，必须接受疾病预防控制机构、医疗机构有关传染病的调查、检验、采集样本、隔离治疗等预防、控制措施，如实提供有关情况。"据此可知，配合疾病预防控制机构和医疗机构，接受传染病的检验是我们的义务，任何人不得拒绝。所以，案例中，王某以害怕与家人分离以及心存侥幸而拒绝配合县医院进行隔离观察和检验的行为是不合法的。并且，根据《最高人民法院、最高人民检察院关于办理妨害预防、控制突发传染病疫情等灾害的刑事案件具体应用法律若干问题的解释》第一条第二款的规定，患有突发传染病或者疑似突发传染病而拒绝接受检疫、强制隔离或者治疗，过失造成传染病传播，情节严重，危害公共安全的，还要依法承担刑事责任。《最高人民法院、最高人民检察院、公安部、司法部关于依法惩治妨害新型冠状病毒感染肺炎疫情防控违法犯罪的意见》也有类似的相关规定。

法律条文

《中华人民共和国传染病防治法》

第十二条第一款 在中华人民共和国领域内的一切单位和个人，必须接受疾病预防控制机构、医疗机构有关传染病的调查、检验、采集样本、隔离治疗等预防、控制措施，如实提供有关情况。疾病预防控制机构、医疗机构不得泄露涉及个人隐私的有关信息、资料。

《最高人民法院、最高人民检察院关于办理妨害预防、控制突发传染病疫情等灾害的刑事案件具体应用法律若干问题的解释》

第一条第二款 患有突发传染病或者疑似突发传染病而拒绝接受检疫、强制隔离或者治疗，过失造成传染病传播，情节严重，危害公共安全的，依照刑法第一百一十五条第二款的规定，按照过失以危险方法危害公共安全罪定罪处罚。

《最高人民法院、最高人民检察院、公安部、司法部关于依法惩治妨害新型冠状病毒感染肺炎疫情防控违法犯罪的意见》

二、准确适用法律，依法严惩妨害疫情防控的各类违法犯罪

（一）依法严惩抗拒疫情防控措施犯罪。故意传播新型冠状病毒感染肺炎病原体，具有下列情形之一，危害公共安全的，依照刑法第一百一十四条、第一百一十五条第一款的规定，以以危险方法危害公共安全罪定罪处罚：

1. 已经确诊的新型冠状病毒感染肺炎病人、病原携带者，拒绝隔离治疗或者隔离期未满擅自脱离隔离治疗，并进入公共场所或者公共交通工具的；

2. 新型冠状病毒感染肺炎疑似病人拒绝隔离治疗或者隔离期未满擅自脱离隔离治疗，并进入公共场所或者公共交通工具，造成新型冠状病毒传播的。

其他拒绝执行卫生防疫机构依照传染病防治法提出的防控措施，引起新型冠状病毒传播或者有传播严重危险的，依照刑法第三百三十条的规定，以妨害传染病防治罪定罪处罚。

……

一句话说法

传染病防治事关国计民生，每一个人都应当配合医院的工作，这既是对自己负责，也是对家人负责，更是对社会负责。

105. 养殖场所必须具备怎样的防疫条件？

案例背景

因父母年老无人照料，大华便辞掉了城里的工作回乡创业。经过考察后，大华决定养鹅。然而，就在大华刚将自家和邻居家的大后院整合成养殖场，还没来得及买鹅苗时，村长就赶来提醒他："养殖场可不是你想弄就能弄的，如果动物防疫条件不达标，搞也是白搞！"大华很是疑惑。

学法有疑

那么，养殖场所必须具备怎样的防疫条件？

法律讲堂

根据《动物防疫法》第十九条、第二十条的规定，动物饲养场必须符合法律规定的动物防疫条件，并取得动物防疫条件合格证。要求养殖场等动物饲养场所具备动物防疫条件是为了预防动物疫病，防止不良后果发生。具体而言，动物饲养场所必须具备以下防疫条件：

（一）饲养场所的位置与居民生活区、生活饮用水源地、学校、医院等公共场所的距离符合国务院兽医主管部门规定的标准；

（二）生产区封闭隔离，工程设计和工艺流程符合动物防疫要求；

（三）有相应的污水、污物、病死动物、染疫动物产品的无害化处理设施设备和清洗消毒设施设备；

（四）有为其服务的动物防疫技术人员；

（五）有完善的动物防疫制度；

（六）具备国务院兽医主管部门规定的其他动物防疫条件。

可见，我国法律对养殖场所的防疫条件有着非常严格的规定。

大华开辟后院当养殖场的行为显然不符合前述条件，他应该在了解具体情况后修改计划。如果大华擅自开设养殖场，没有取得动物防疫条件合格证的，则其需要按照《动物防疫法》第七十七条的规定缴纳罚款并予以改正。

法律条文

《中华人民共和国动物防疫法》

第十九条 动物饲养场（养殖小区）和隔离场所，动物屠宰加工场所，以及动物和动物产品无害化处理场所，应当符合下列动物防疫条件：

（一）场所的位置与居民生活区、生活饮用水源地、学校、医院等公共场所的距离符合国务院兽医主管部门规定的标准；

（二）生产区封闭隔离，工程设计和工艺流程符合动物防疫要求；

（三）有相应的污水、污物、病死动物、染疫动物产品的无害化处理设施设备和清洗消毒设施设备；

（四）有为其服务的动物防疫技术人员；

（五）有完善的动物防疫制度；

（六）具备国务院兽医主管部门规定的其他动物防疫条件。

第二十条 兴办动物饲养场（养殖小区）和隔离场所，动物屠宰加工场所，以及动物和动物产品无害化处理场所，应当向县级以上地方人民政府兽医主管部门提出申请，并附具相关材料。受理申请的兽医主管部门应当依照本法和《中华人民共和国行政许可法》的规定进行审查。经审查合格的，发给动物防疫条件合格证；不合格的，应当通知申请人并说明理由。

动物防疫条件合格证应当载明申请人的名称、场（厂）址等事项。

经营动物、动物产品的集贸市场应当具备国务院兽医主管部门规定的动物防疫条件，并接受动物卫生监督机构的监督检查。

第七十七条 违反本法规定，有下列行为之一的，由动物卫生监督机构责令改正，处一千元以上一万元以下罚款；情节严重的，处一万元以上十万元以下罚款：

（一）兴办动物饲养场（养殖小区）和隔离场所，动物屠宰加工场所，以及动物和动物产品无害化处理场所，未取得动物防疫条件合格证的；

（二）未办理审批手续，跨省、自治区、直辖市引进乳用动物、种用动物及其精液、胚胎、种蛋的；

（三）未经检疫，向无规定动物疫病区输入动物、动物产品的。

野生动物、家禽家畜等往往是传染病的源头所在，搞好动物检疫是防疫工作的重点之一。广大农民在进行动物养殖时，一定要严格遵守动物防疫法，履行好相关的义务，办理好各种手续，配合有关部门做好动物防疫工作。

第12章 农村社会保障、优抚问题

106. 哪些人可以申请最低生活保障？

案例背景

小良一家以前生活在农村，父母做生意有了一些积蓄之后搬到城里生活，拥有了城市户口。但是后来，小良的父母离异了，剩下他和爷爷、奶奶、父亲、弟弟五个人一起生活，家里境况大不如以前。爷爷奶奶年迈，小良和弟弟还小，父亲的生意也不见起色，一家人生活负担重、压力大。最低生活保障制度实施后，因为小良一家人均收入低于当地最低生活保障标准，并且家庭财产状况符合当地人民政府规定的条件，他们便申请了城市最低生活保障。

学法有疑

那么，申请最低生活保障要满足哪些条件？

法律讲堂

最低生活保障制度是国家和社会为保障收入难以维持最基本生活的贫困人口而建立的一种社会救济制度。建立最低生活保障制度，有助于消除收入差距、保障公民的基本生活权益。根据我国《社会救助暂行办法》第九条的规定："国家对共同生活的家庭成员人均收入低于当地最低生活保障标准，且符合当地最低生活保障家庭财产状况规定的家庭，给予最低生活保障。"另外，《最低生活保障审核审批办法（试行）》第四条规定："户籍状况、家庭收入和家庭财产是认定低保对象的三个基本要件，持有当地常住户口的居民，凡共同生活的家庭成员人均收入低于当地低保标准，且家庭财产状况符合当地人民政府规定条件的，可以申请低保。”即只要户籍状况、家庭收入和家庭财产符合低保标准就能成为低保对象。因此，按照国家申请最低生活保障的相关规定，只要是符合户籍状况、家庭收入和家庭财产三个条件的相关要求，即可以向相关部门提出申请。

法律条文

《社会救助暂行办法》

第九条 国家对共同生活的家庭成员人均收入低于当地最低生活保障标准，且符合当地最低生活保障家庭财产状况规定的家庭，给予最低生活保障。

《最低生活保障审核审批办法（试行）》

第四条 户籍状况、家庭收入和家庭财产是认定低保对象的三个基本要件。

持有当地常住户口的居民，凡共同生活的家庭成员人均收入低于当地低保标准，且家庭财产状况符合当地人民政府规定条件的，可以申请低保。

申请最低生活保障要同时满足以下三个条件：一是具有实施最低生活保障制度地的常住户口；二是共同生活的家庭成员人均收入低于当地最低生活保障标准；三是家庭财产状况符合当地人民政府规定的条件。

107. 农村五保供养哪些人？

案例背景

常和生活在农村，父母老来得子，如今早已年迈，没有收入，全靠他自己打拼维持一家人的生活。一次外出时，常和因为与女友分手了，喝了些酒，驾驶摩托车在公路上超速行驶，发生车祸，双腿残疾。家中只有父母照顾常和的日常起居，但终究力不从心，一家人的生活也难以为继。后来他们申请了农村五保，得到国家吃、穿、住、医、葬方面的生活照顾和物质帮助，生活得以改善。

学法有疑

哪些人能得到农村五保供养？

法律讲堂

农村五保供养是指依照《农村五保供养工作条例》规定，在吃、穿、住、医、葬方面给予村民的生活照顾和物质帮助。在中国农村社会救助制度中，五保供养被认为是唯一具有相对连续性的农村社会救助项目，由于其救助对象的特殊性和救助内容的全面性而成为一项具有中国特色的乡村社会救助制度。另外，《农村五保供养工作条例》的颁布实现了农村五保供养从社区救助到国家救助的转变。确保农村五保供养，尤其是确立了新型农村五保供养制度的框架，被认为是中国社会救助领域的一项创新和特色，对于保障农村五保供养对象正常生活，促进社会主义新农村建设具有重要意义。根据该条例第六条的规定，享受农村五保供养待遇的对象是：老年、残疾或者未满 16 周岁的村民，无劳动能力、无生活来源又无法定赡养、抚养、扶养义务人，或者其法定赡养、抚养、扶养义务人无赡养、抚养、扶养能力的村民。案例中的常和是残疾人，其父母年迈，无劳动能力、无生活来源，应该享受农村五保供养。

法律条文

《农村五保供养工作条例》

第二条 本条例所称农村五保供养，是指依照本条例规定，在吃、穿、住、医、葬方面给予村民的生活照顾和物质帮助。

第六条 老年、残疾或者未满16周岁的村民，无劳动能力、无生活来源又无法定赡养、抚养、扶养义务人，或者其法定赡养、抚养、扶养义务人无赡养、抚养、扶养能力的，享受农村五保供养待遇。

一句话说法

农村五保对象包括老年、残疾或者未满16周岁的村民。在两种情况下他们能成为五保户：第一，这三类村民，既没有劳动能力，又没有生活来源，也没有法定赡养、抚养、扶养义务人，即属于“三无”人员；第二，这三类村民，有法定赡养人、抚养人、扶养义务人，但是这些赡养人、抚养人、扶养义务人没能力照顾其生活。

108. 农村五保供养的内容是什么？

案例背景

章老汉没有子女，老伴儿也去世得早，一直一个人生活在农村的旧房子里，自己打工养活自己。随着年龄的增长，章老汉逐渐丧失了劳动能力，又无人赡养，于是村里帮他申请了五保。他和其他老年人一起住进了敬老院，平时能定期收到粮油、副食品和生活用燃料、生活用品和零用钱，年龄大了患病也能得到相应的疾病治疗和照料。后来，章老汉过世，所有丧葬费的支出也是国家财政支出的。

学法有疑

农村五保都提供哪些方面的供养？

法律讲堂

农村五保供养是我国农村依照《农村五保供养工作条例》规定，对丧失劳动能力和生活没有依靠的老、弱、孤、寡、残农民实行保吃、保穿、保住、保医、保葬的一种社会救助制度，是国家民政部门对农村符合五保条件的成员实行的社会保险制度。《农村五保供养工作条例》第九条第一款、第二款规定："农村五保供养包括下列供养内容：（一）供给粮油、副食品和生活用燃料；（二）供给服装、被褥等生活用品和零用钱；（三）提供符合基本居住条件的住房；（四）提供疾病治疗，对生活不能自理的给予照料；（五）办理丧葬事宜。农村五保供养对象未满16周岁或者已满16周岁仍在接受义务教育的，应当保障他们依法接受义务教育所需费用。"农村五保供养制度是我国农村目前较为成熟和完善的一项社会保障制度，它保障着农村最缺乏生存能力、最需要获得帮助的弱势群体的基本生活，在整个农村社会保障体系中属于最后一层社会安全网。生活在农村中的五保供养对象在我国社会各阶层中属于弱势群体，解决他们的供养问题，关系到社会保障体系的健全和完善。做好农村五保供养工作事关民生的根本，是构建社会主义新农村的必然要求，是社会和谐稳定的重要保证。

法律条文

《农村五保供养工作条例》

第九条第一款 农村五保供养包括下列供养内容：

（一）供给粮油、副食品和生活用燃料；

（二）供给服装、被褥等生活用品和零用钱；

（三）提供符合基本居住条件的住房；

（四）提供疾病治疗，对生活不能自理的给予照料；

（五）办理丧葬事宜。

第二款 农村五保供养对象未满 16 周岁或者已满 16 周岁仍在接受义务教育的，应当保障他们依法接受义务教育所需费用。

农村五保是对符合条件的村民保吃、保穿、保住、保医、保葬，对未满 16 周岁或者已满 16 周岁仍在接受义务教育的，保障他们依法接受义务教育所需费用。凡是符合农村五保条件的村民，都可以依法享受上述供养待遇。

109. 政府如何安置在地震中房屋倒塌的居民？

案例背景

林甫平日靠在附近村子打零工和务农维持一家人的生活，家里只有一层平房，结果还在一次地震中倒塌了。一家人没有其他地方可以居住，幸好得到了当地政府的统一安置。在政府的指导和帮助下，林甫一家人的基本生活得到了保障。

学法有疑

政府对在地震中房屋倒塌居民的安置方法是什么？

法律讲堂

根据我国《社会救助暂行办法》第二十四条的规定："受灾地区人民政府应当在确保安全的前提下，对住房损毁严重的受灾人员进行过渡性安置。"另外，根据《自然灾害救助条例》第十八条的规定："受灾地区人民政府应当在确保安全的前提下，采取就地安置与异地安置、政府安置与自行安置相结合的方式，对受灾人员进行过渡性安置。就地安置应当选择在交通便利、便于恢复生产和生活的地点，并避开可能发生次生自然灾害的区域，尽量不占用或者少占用耕地。受灾地区人民政府应当鼓励并组织受灾群众自救互救，恢复重建。"因此，对于在地震中房屋倒塌的居民，政府会出面给予过渡性的安置，帮助他们顺利度过危难期，重建家园。

当地震发生时，当地各级党委、政府应当带领民政、地震、消防等部门开展救灾工作。首先要紧急转移安置受灾群众，房屋倒塌和严重受损的群众要得到及时转移，并通过投亲靠友、搭建帐篷、居住村委会公房等方式有序安置，保障群众的生命安全和基本生活。其次要迅速调运和发放救灾物资，确保到户到人，初步保障受灾群众的基本生活。各级政府还要立即组织人员深入灾区，核查人员受灾情况，以及群众房屋、学校、医院和基础设施受损情况，以在最短时间内恢复灾区交通、通信、电力和供水设施的正常运转，维护社会生产生活秩序。

法律条文

《社会救助暂行办法》

第二十四条　受灾地区人民政府应当在确保安全的前提下，对住房损毁严重的受灾人员进行过渡性安置。

《自然灾害救助条例》

第十八条　受灾地区人民政府应当在确保安全的前提下，采取就地安置与异地安置、政府安置与自行安置相结合的方式，对受灾人员进行过渡性安置。

就地安置应当选择在交通便利、便于恢复生产和生活的地点，并避开可能发生次生自然灾害的区域，尽量不占用或者少占用耕地。

受灾地区人民政府应当鼓励并组织受灾群众自救互救，恢复重建。

政府应在确保安全的前提下，采取就地安置与异地安置、政府安置与自行安置相结合的方式，对地震中房屋倒塌的居民进行过渡性安置。

110. 受灾地区的群众可以得到哪些应急救助？

案例背景

小宇生活在沿海地区，一家人挤住在父亲搭建的临时住房里。小宇平日跟着父亲出海捕鱼，有时也会去市场上帮母亲卖鱼。在一场超强台风的影响下，他们的房屋受损，无法居住，再加上不能出海捕鱼，失去了收入来源，小宇一家的基本生活受到了影响。

学法有疑

受灾地区的群众会得到什么样的应急救助？

法律讲堂

根据《社会救助暂行办法》第二十二条的规定："自然灾害发生后，县级以上人民政府或者人民政府的自然灾害救助应急综合协调机构应当根据情况紧急疏散、转移、安置受灾人员，及时为受灾人员提供必要的食品、饮用水、衣被、取暖、临时住所、医疗防疫等应急救助。"《自然灾害救助条例》第十四条更是明确规定："自然灾害发生并达到自然灾害救助应急预案启动条件的，县级以上人民政府或者人民政府的自然灾害救助应急综合协调机构应当及时启动自然灾害救助应急响应，采取下列一项或者多项措施：(一) 立即向社会发布政府应对措施和公众防范措施；(二) 紧急转移安置受灾人员；(三) 紧急调拨、运输自然灾害救助应急资金和物资，及时向受灾人员提供食品、饮用水、衣被、取暖、临时住所、医疗防疫等应急救助，保障受灾人员基本生活；(四) 抚慰受灾人员，处理遇难人员善后事宜；(五) 组织受灾人员开展自救互救；(六) 分析评估灾情趋势和灾区需求，采取相应的自然灾害救助措施；(七) 组织自然灾害救助捐赠活动。对应急救助物资，各交通运输主管部门应当组织优先运输。"因此，受灾地区的人民依照法律规定可以得到应急救助，以保障他们的基本生活。突发性重大自然灾害发生时，政府要迅速、有序、高效地实施紧急救助，最大限度地减少人民群众的生命和财产损失，维护受灾地区社会稳定。

法律条文

《社会救助暂行办法》

第二十二条 自然灾害发生后，县级以上人民政府或者人民政府的自然灾害救助应急综合协调机构应当根据情况紧急疏散、转移、安置受灾人员，及时为受灾人员提供必要的食品、饮用水、衣被、取暖、临时住所、医疗防疫等应急救助。

《自然灾害救助条例》

第十四条 自然灾害发生并达到自然灾害救助应急预案启动条件的，县级以上人民政府或者人民政府的自然灾害救助应急综合协调机构应当及时启动自然灾害救助应急响应，采取下列一项或者多项措施：

（一）立即向社会发布政府应对措施和公众防范措施；

（二）紧急转移安置受灾人员；

（三）紧急调拨、运输自然灾害救助应急资金和物资，及时向受灾人员提供食品、饮用水、衣被、取暖、临时住所、医疗防疫等应急救助，保障受灾人员基本生活；

（四）抚慰受灾人员，处理遇难人员善后事宜；

（五）组织受灾人员开展自救互救；

（六）分析评估灾情趋势和灾区需求，采取相应的自然灾害救助措施；

（七）组织自然灾害救助捐赠活动。

对应急救助物资，各交通运输主管部门应当组织优先运输。

一句话说法

国家应保障自然灾害受灾人员的基本生活，依法为受灾人员提供食品、饮用水、衣被、取暖、临时住所、医疗防疫等应急救助。

111. 居民灾后重建家园会得到政府的哪些帮助?

案例背景

一场暴雨引发的山洪使肖可生活的常安镇遭受了水灾，房屋被冲毁，道路被冲断，村里断电、断水、断通信。由于洪水破坏力巨大，抗险救灾形势十分严峻。救援人员不放弃任何一个机会，抢修人员抓紧一切时间修路、修电，受灾地区人民在政府的帮助下积极重建家园。

学法有疑

居民重建家园时会得到政府的哪些帮助?

法律讲堂

我国《社会救助暂行办法》第二十五条规定："自然灾害危险消除后，受灾地区人民政府应急管理等部门应当及时核实本行政区域内居民住房恢复重建补助对象，并给予资金、物资等救助。"同时《自然灾害救助条例》第十九条明确规定："自然灾害危险消除后，受灾地区人民政府应当统筹研究制订居民住房恢复重建规划和优惠政策，组织重建或者修缮因灾损毁的居民住房，对恢复重建确有困难的家庭予以重点帮扶。居民住房恢复重建应当因地制宜、经济实用，确保房屋建设质量符合防灾减灾要求。受灾地区人民政府应急管理等部门应当向经审核确认的居民住房恢复重建补助对象发放补助资金和物资，住房城乡建设等部门应当为受灾人员重建或者修缮因灾损毁的居民住房提供必要的技术支持。"该法第二十条也规定："居民住房恢复重建补助对象由受灾人员本人申请或者由村民小组、居民小组提名。经村民委员会、居民委员会民主评议，符合救助条件的，在自然村、社区范围内公示；无异议或者经村民委员会、居民委员会民主评议异议不成立的，由村民委员会、居民委员会将评议意见和有关材料提交乡镇人民政府、街道办事处审核，报县级人民政府应急管理等部门审批。”也就是说，居民在灾后重建家园过程中，依法会得到政府在资金、物资、政策等多方面的帮助。

法律条文

《社会救助暂行办法》

第二十五条 自然灾害危险消除后，受灾地区人民政府应急管理等部门应当及时核实本行政区域内居民住房恢复重建补助对象，并给予资金、物资等救助。

《自然灾害救助条例》

第十九条 自然灾害危险消除后，受灾地区人民政府应当统筹研究制订居民住房恢复重建规划和优惠政策，组织重建或者修缮因灾损毁的居民住房，对恢复重建确有困难的家庭予以重点帮扶。

居民住房恢复重建应当因地制宜、经济实用，确保房屋建设质量符合防灾减灾要求。

受灾地区人民政府应急管理等部门应当向经审核确认的居民住房恢复重建补助对象发放补助资金和物资，住房城乡建设等部门应当为受灾人员重建或者修缮因灾损毁的居民住房提供必要的技术支持。

第二十条 居民住房恢复重建补助对象由受灾人员本人申请或者由村民小组、居民小组提名。经村民委员会、居民委员会民主评议，符合救助条件的，在自然村、社区范围内公示；无异议或者经村民委员会、居民委员会民主评议异议不成立的，由村民委员会、居民委员会将评议意见和有关材料提交乡镇人民政府、街道办事处审核，报县级人民政府应急管理等部门审批。

一句话说法

在居民灾后重建家园的过程中，政府应对居民住房恢复重建发放补助资金和物资，并由有关部门为重建或者修缮因灾损毁的居民住房提供必要的技术支持。

112. 现役军人死亡的，符合哪些情形才能被评定为烈士？

案例背景

出身农家的江楠在成都军区服兵役，服役期即将届满时，某地突然发生地震，他根据上级指示参与到地震紧急救援活动中。在艰难的救援过程中，他不幸被余震中突降的落石砸伤，不治身亡。因其在处置突发事件中死亡，因而被评定为烈士。

学法有疑

现役军人符合哪些情形才能被评定为烈士？

法律讲堂

《烈士褒扬条例》第八条第二款规定："现役军人牺牲，预备役人员、民兵、民工以及其他人员因参战、参加军事演习和军事训练、执行军事勤务牺牲应当评定烈士的，依照《军人抚恤优待条例》的有关规定评定。"而《军人抚恤优待条例》第八条第一款、第二款规定："现役军人死亡，符合下列情形之一的，批准为烈士：（一）对敌作战死亡，或者对敌作战负伤在医疗终结前因伤死亡的；（二）因执行任务遭敌人或者犯罪分子杀害，或者被俘、被捕后不屈遭敌人杀害或者被折磨致死的；（三）为抢救和保护国家财产、人民生命财产或者执行反恐怖任务和处置突发事件死亡的；（四）因执行军事演习、战备航行飞行、空降和导弹发射训练、试航试飞任务以及参加武器装备科研试验死亡的；（五）在执行外交任务或者国家派遣的对外援助、维持国际和平任务中牺牲的；（六）其他死难情节特别突出，堪为楷模的。现役军人在执行对敌作战、边海防执勤或者抢险救灾任务中失踪，经法定程序宣告死亡的，按照烈士对待。"

法律条文

《烈士褒扬条例》

第八条第二款 现役军人牺牲，预备役人员、民兵、民工以及其他人员因参战、参加军事演习和军事训练、执行军事勤务牺牲应当评定烈士的，依照《军人抚恤优待条例》的有关规定评定。

《军人抚恤优待条例》

第八条第一款 现役军人死亡，符合下列情形之一的，批准为烈士：

（一）对敌作战死亡，或者对敌作战负伤在医疗终结前因伤死亡的；

（二）因执行任务遭敌人或者犯罪分子杀害，或者被俘、被捕后不屈遭敌人杀害或者被折磨致死的；

（三）为抢救和保护国家财产、人民生命财产或者执行反恐怖任务和处置突发事件死亡的；

（四）因执行军事演习、战备航行飞行、空降和导弹发射训练、试航试飞任务以及参加武器装备科研试验死亡的；

（五）在执行外交任务或者国家派遣的对外援助、维持国际和平任务中牺牲的；

（六）其他死难情节特别突出，堪为楷模的。

第二款 现役军人在执行对敌作战、边海防执勤或者抢险救灾任务中失踪，经法定程序宣告死亡的，按照烈士对待。

为了社会主义现代化建设事业而牺牲的现役军人，以及为保卫祖国、维护大多数人的合法正当利益而壮烈牺牲的现役军人，依照相关法律规定就可以评定为烈士。

113. 现役军人死亡的，具有哪些情形算因公牺牲？

案例背景

老家在农村的胡某是一名现役军人，他每次上下班途中都会经过一处八层高的建筑。最近，那栋建筑正在施工，胡某因为经常从那里过并没有觉出有什么危险。不幸的是，胡某在一次上班经过该建筑时，高处的施工机械突然失重坠落，砸中了他，他因救治无效死亡。

学法有疑

现役军人死亡的，具有哪些情形算因公牺牲？

法律讲堂

因公牺牲是指为保卫或抢救人民生命、国家和集体财产献出生命的行为。因公牺牲不同于因公死亡，即因公牺牲一定是因公死亡，而因公死亡不一定是因公牺牲。根据《军人抚恤优待条例》第九条第一款、第二款的规定："现役军人死亡，符合下列情形之一的，确认为因公牺牲：（一）在执行任务中或者在上下班途中，由于意外事件死亡的；（二）被认定为因战、因公致残后因旧伤复发死亡的；（三）因患职业病死亡的；（四）在执行任务中或者在工作岗位上因病猝然死亡，或者因医疗事故死亡的；（五）其他因公死亡的。现役军人在执行对敌作战、边海防执勤或者抢险救灾以外的其他任务中失踪，经法定程序宣告死亡的，按照因公牺牲对待。"本案中，施工机械突然失重坠落属于意外事件，而胡某又是在上班途中被砸中而死亡的，属于由于意外事件死亡的，应当被认定为因公牺牲。

法律条文

《军人抚恤优待条例》

第九条第一款 现役军人死亡，符合下列情形之一的，确认为因公牺牲：

（一）在执行任务中或者在上下班途中，由于意外事件死亡的；

（二）被认定为因战、因公致残后因旧伤复发死亡的；

（三）因患职业病死亡的；

（四）在执行任务中或者在工作岗位上因病猝然死亡，或者因医疗事故死亡的；

（五）其他因公死亡的。

第二款 现役军人在执行对敌作战、边海防执勤或者抢险救灾以外的其他任务中失踪，经法定程序宣告死亡的，按照因公牺牲对待。

一句话说法

对于现役军人死亡可以被确定为因公牺牲的情况，法律已经作出了明确的规定。法律保护因公牺牲的现役军人及其家属的合法权益。

114. 国家对烈士子女、因公牺牲军人的子女在就学、就业上有何优待?

案例背景

某村村民方华的父亲是一名军人，在一次抢险救灾活动中意外受到重伤，不治身亡。由于方华父亲是为抢救和保护国家和人民生命财产而牺牲的，因而被评定为烈士。方华成为烈士子女，一家人享有定期抚恤金。他如今要报考高等学校，可以享受什么优待政策吗?

学法有疑

烈士子女在就学就业上可以享受哪些待遇?

法律讲堂

《军人抚恤优待条例》第三十九条第二款规定:“残疾军人、因公牺牲军人子女、一级至四级残疾军人的子女，驻边疆国境的县(市)、沙漠区、国家确定的边远地区中的三类地区和军队确定的特、一、二类岛屿部队现役军人的子女报考普通高中、中等职业学校、高等学校，在录取时按照国家有关规定给予优待；接受学历教育的，在同等条件下优先享受国家规定的各项助学政策。现役军人子女的入学、入托，在同等条件下优先接收。具体办法由国务院退役军人事务部门会同国务院教育部门规定。”同时，《烈士褒扬条例》第二十二条规定:“烈士的子女、兄弟姐妹本人自愿，且符合征兵条件的，在同等条件下优先批准其服现役。烈士的子女符合公务员考录条件的，在同等条件下优先录用为公务员。烈士子女接受学前教育和义务教育的，应当按照国家有关规定予以优待；在公办幼儿园接受学前教育的，免交保教费。烈士子女报考普通高中、中等职业学校、高等学校研究生的，在同等条件下优先录取；报考高等学校本、专科的，可以按照国家有关规定降低分数要求投档；在公办学校就读的，免交学费、杂费，并享受国家规定的各项助学政策。烈士遗属符合就业条件的，由当地人民政府人力资源社会保障部门优先提供就业服务。烈士遗属已经就业，用人单位经济性裁员时，应当优先留用。烈士遗属从事个体经营的，市场监督管理、税务等部门应当优先办理证照，烈士遗属在经营期间享受国家和当地人民政府规定的优惠政策。”方华是烈士子女，因此其报考高等学校可以按照国家有关规定降低分数要求投档。

法律条文

《军人抚恤优待条例》

第三十九条第二款 残疾军人、因公牺牲军人子女、一级至四级残疾军人的子女，驻边疆国境的县（市）、沙漠区、国家确定的边远地区中的三类地区和军队确定的特、一、二类岛屿部队现役军人的子女报考普通高中、中等职业学校、高等学校，在录取时按照国家有关规定给予优待；接受学历教育的，在同等条件下优先享受国家规定的各项助学政策。现役军人子女的入学、入托，在同等条件下优先接收。具体办法由国务院退役军人事务部门会同国务院教育部门规定。

《烈士褒扬条例》

第二十二条 烈士的子女、兄弟姐妹本人自愿，且符合征兵条件的，在同等条件下优先批准其服现役。烈士的子女符合公务员考录条件的，在同等条件下优先录用为公务员。

烈士子女接受学前教育和义务教育的，应当按照国家有关规定予以优待；在公办幼儿园接受学前教育的，免交保教费。烈士子女报考普通高中、中等职业学校、高等学校研究生的，在同等条件下优先录取；报考高等学校本、专科的，可以按照国家有关规定降低分数要求投档；在公办学校就读的，免交学费、杂费，并享受国家规定的各项助学政策。

烈士遗属符合就业条件的，由当地人民政府人力资源社会保障部门优先提供就业服务。烈士遗属已经就业，用人单位经济性裁员时，应当优先留用。烈士遗属从事个体经营的，市场监督管理、税务等部门应当优先办理证照，烈士遗属在经营期间享受国家和当地人民政府规定的优惠政策。

一句话说法

烈士子女在就学接收、录取上可以享受优待，并在同等条件下优先享受国家规定的各项助学政策。他们在就业上也按照国家有关规定享有优待。这些优待政策都是国家对烈士的表彰，也是对烈士家属的照顾。

第13章 违法犯罪问题

115. 未满16周岁的人盗窃时致人死亡的，就不构成犯罪了吗？

案例背景

犯罪嫌疑人江某，15周岁，男；犯罪嫌疑人牛某，15周岁，男。两人都是某中学学生，同系某村村民。平时两人就不好好上学，经常旷课泡网吧，几乎每个月的生活费都用来上网。某日，江某没钱上网，就找牛某商量去朋友杨某家偷点钱，牛某表示同意。第二天晚上，江某与牛某趁杨某家中无人，便潜入杨某家里，并从橱柜里搜到了1万元现金。两人正准备将钱拿走时，正赶上杨某的妈妈下班回家。杨某妈妈见状想要拦住两人，便一手抓住了江某。此时牛某返回来帮忙，拿起瓶子砸向了杨某妈妈的头，但杨某的妈妈依然没有放手。江某情急之下随手拿起身边的水果刀刺向杨某妈妈的身体，杨某妈妈当场死亡。

学法有疑

请问，江某与牛某的行为构成犯罪吗？

法律讲堂

根据《刑法》第十七条第二款的规定："已满十四周岁不满十六周岁的人，犯故意杀人、故意伤害致人重伤或者死亡、强奸、抢劫、贩卖毒品、放火、爆炸、投放危险物质罪的，应当负刑事责任。"江某与牛某刚满15岁，单就其盗窃行为而言，尚不负刑事责任，但他们之后使用暴力改变了犯罪性质。根据《最高人民法院关于审理未成年人刑事案件具体应用法律若干问题的解释》第十条的规定，已满14周岁不满16周岁的人盗窃，为抗拒抓捕当场使用暴力，故意杀人的，应以故意杀人罪定罪处罚。本案中，江某与牛某在盗窃财物之后，为抗拒杨某妈妈的抓捕而当场使用暴力，牛某拿瓶子砸向杨某妈妈的头，江某拿起水果刀刺向杨某妈妈的身体，致使杨某妈妈当场死亡，其行为在主观上应认定为故意，客观上则造成了杨某妈妈死亡的后果。因此，根据上述司法解释，应认定江某与牛某已经构成了故意杀人罪。因此，二人应当承担故意杀人罪的刑事责任。

法律条文

《中华人民共和国刑法》

第十七条　已满十六周岁的人犯罪，应当负刑事责任。

已满十四周岁不满十六周岁的人，犯故意杀人、故意伤害致人重伤或者死亡、强奸、抢劫、贩卖毒品、放火、爆炸、投放危险物质罪的，应当负刑事责任。

已满十二周岁不满十四周岁的人，犯故意杀人、故意伤害罪，致人死亡或者以特别残忍手段致人重伤造成严重残疾，情节恶劣，经最高人民检察院核准追诉的，应当负刑事责任。

对依照前三款规定追究刑事责任的不满十八周岁的人，应当从轻或者减轻处罚。

因不满十六周岁不予刑事处罚的，责令其父母或者其他监护人加以管教；在必要的时候，依法进行专门矫治教育。

《最高人民法院关于审理未成年人刑事案件具体应用法律若干问题的解释》

第十条 已满十四周岁不满十六周岁的人盗窃、诈骗、抢夺他人财物，为窝藏赃物、抗拒抓捕或者毁灭罪证，当场使用暴力，故意伤害致人重伤或者死亡，或者故意杀人的，应当分别以故意伤害罪或者故意杀人罪定罪处罚。

已满十六周岁不满十八周岁的人犯盗窃、诈骗、抢夺罪，为窝藏赃物、抗拒抓捕或者毁灭罪证而当场使用暴力或者以暴力相威胁的，应当依照刑法第二百六十九条的规定定罪处罚；情节轻微的，可不以抢劫罪定罪处罚。

16 周岁以下未成年人犯重罪也是需要负刑事责任的。而且，《刑法修正案（十一）》将未成年人刑事责任年龄由 14 岁下调至 12 岁，2021 年 3 月 1 日起，已满 12 周岁不满 14 周岁的人，犯故意杀人、故意伤害罪，致人死亡或者以特别残忍手段致人重伤造成严重残疾，情节恶劣，经最高人民检察院核准追诉的，应当负刑事责任。

116. 死刑缓期结束后，会立即执行死刑吗?

案例背景

犯罪嫌疑人苗某系某村村民，平日不种庄稼时就开摩的挣钱。一日，他拉同村的赵某去银行存钱，途经一个偏僻的地方时，苗某心生歹念，故意制造了一场车祸，致使赵某因车祸死亡，自己则带着钱逃跑了。事后，苗某内心愧疚，便去公安机关自首。法院依法判处苗某死刑缓期两年执行。苗某虽然知道自己罪孽深重，但也不想就这么死去，于是苗某想要知道死刑缓期结束后，是不是立即执行死刑。在缓刑期间，如果自己表现好甚至有重大立功的话，是不是可以免除死刑。

学法有疑

请问，两年缓刑期满后，应当对苗某立即执行死刑吗？

法律讲堂

两年缓刑期满后，是否对苗某立即执行死刑要依据具体情况。死刑缓期执行不是独立的刑种，是我国独创的死刑执行制度。适用死刑缓期执行必须具备两个条件：第一，罪当处死。如果所犯罪行不应当判处死刑，就不存在宣告死刑缓期执行的问题。第二，不是必须立即执行的，即当时不是非杀不可的。根据《刑法》第五十条的规定，对被判处死刑缓期执行的，有以下三种处理方法：（一）在死刑缓期执行期间，如果没有故意犯罪，两年期满后，减为无期徒刑；（二）如果确有重大立功表现的，两年期满后，减为 25 年有期徒刑；（三）如果故意犯罪，情节恶劣查证属实的，由最高人民法院核准后执行死刑。本案中，田某在缓刑期间如果没有故意犯罪，两年期满后，就应当减为无期徒刑；如果有重大立功表现的，两年期满后，减为 25 年有期徒刑；如果故意犯罪，情节恶劣的，由最高人民法院核准执行死刑。

法律条文

《中华人民共和国刑法》

第五十条 判处死刑缓期执行的，在死刑缓期执行期间，如果没有故意犯罪，二年期满以后，减为无期徒刑；如果确有重大立功表现，二年期满以后，减为二十五年有期徒刑；如果故意犯罪，情节恶劣的，报请最高人民法院核准后执行死刑；对于故意犯罪未执行死刑的，死刑缓期执行的期间重新计算，并报最高人民法院备案。

对被判处死刑缓期执行的累犯以及因故意杀人、强奸、抢劫、绑架、放火、爆炸、投放危险物质或者有组织的暴力性犯罪被判处死刑缓期执行的犯罪分子，人民法院根据犯罪情节等情况可以同时决定对其限制减刑。

我国法律慎用死刑，对于应当判处死刑的被告人，如果不是必须立即执行的，法律给予其两年的缓刑考验期。在两年内，如果没有故意犯罪，则减为无期徒刑；否则就将核准执行死刑。而如果有重大立功表现，将会减为25年有期徒刑。因此，犯罪嫌疑人违法犯罪后应当积极改造，争取早日回归社会。

117. 为犯罪嫌疑人提供藏身之处应当如何定罪?

案例背景

某村的甲、乙、丙三人是从小玩到大的好朋友。一次，甲、乙二人因盗窃文物被公安机关通缉，于是就去找丙帮忙，希望丙能借给两人一笔钱，好让其到外面避避风头。丙虽然明知这是犯罪行为，但碍于朋友情面没有拒绝，只是以自己手头比较紧为由没有给两人钱，而是让两人去自己乡下的亲戚家躲一下，管吃管住。

学法有疑

请问，为犯罪嫌疑人提供藏身之处，应当如何定罪？

法律讲堂

丙帮助朋友甲、乙二人逃避司法追捕的行为构成了窝藏罪。古语有云，杀人偿命，欠债还钱。这句话用在当世，可以理解为，对于自己犯下的罪行，要有承担的觉悟，也得有承担的义务。逃避不能解决问题，只会加重处罚。如果明知他人犯罪而不加以劝阻，还为其提供逃跑工具、藏身处所等，这实际上就是窝藏犯罪嫌疑人，这种行为本身也已经触犯了法律。因此，无论出于何种目的，都不能包庇他人的罪行，而应当劝其自首，争取法律的宽大处理。本案中，如果丙是为了朋友着想，就不应该帮助他们逃跑，而应劝其自首以求宽大处理。丙明知甲、乙二人犯下重罪，还协助其逃避追捕，自己的行为也构成了犯罪。

法律条文

《中华人民共和国刑法》

第三百一十条 明知是犯罪的人而为其提供隐藏处所、财物，帮助其逃匿或者作假证明包庇的，处三年以下有期徒刑、拘役或者管制；情节严重的，处三年以上十年以下有期徒刑。

犯前款罪，事前通谋的，以共同犯罪论处。

一句话说法

窝藏，是指为犯罪的人提供隐藏处所、财物，帮助其逃匿的行为。这种行为的特点是使司法机关不能或者难以发现犯罪的人，因此，除直接为犯罪的人提供隐藏处所、财物外，向犯罪的人通报侦查或追捕的动静、为犯罪的人提供化装的用具等，也属于帮助其逃匿的行为，都会构成窝藏罪。

118. 散播谣言损害他人声誉需要承担什么罪责?

案例背景

吴某与黄某都是某村村民，两人平时交情不错，称兄道弟。一日，吴某因一些问题与黄某发生争执，两人产生了一点小矛盾。于是，吴某心生怨恨，就制造了一些黄某生活上不检点的谣言散布到网络上，致使村里的人都对黄某指指点点，疏而远之。黄某的身心受到很大伤害，无法继续在村里生活，也没脸再去面对亲人、朋友。事后，黄某知道此事是吴某所为时，非常生气，便找到吴某，声称要让其承担刑事责任。

学法有疑

请问，吴某的行为需要承担什么责任？

法律讲堂

吴某的行为涉嫌构成诽谤罪。诽谤罪，是指故意捏造并散布虚构的事实，足以贬损他人人格，破坏他人名誉，情节严重的行为。本案中，吴某因与黄某之间产生小矛盾，便散布虚假的事实，严重地损坏了黄某的名誉，给黄某的生活造成了严重的影响，情节非常恶劣，已经构成了诽谤罪，要依法承担刑事责任。

此处，要注意区分诽谤罪与一般民事名誉侵权的区别。一般民事名誉侵权造成的社会危害相对轻微，还不足以构成犯罪。而构成诽谤罪除了要求造成严重的危害后果之外，还要求所散布的内容一定是虚假的，在主观上一定是故意的。分清了诽谤罪与一般民事侵权的区别，在追究行为人的责任时也就更为容易。

法律条文

《中华人民共和国刑法》

第二百四十三条 捏造事实诬告陷害他人，意图使他人受刑事追究，情节严重的，处三年以下有期徒刑、拘役或者管制；造成严重后果的，处三年以上十年以下有期徒刑。

国家机关工作人员犯前款罪的，从重处罚。

不是有意诬陷，而是错告，或者检举失实的，不适用前两款的规定。

第二百四十六条 以暴力或者其他方法公然侮辱他人或者捏造事实诽谤他人，情节严重的，处三年以下有期徒刑、拘役、管制或者剥夺政治权利。

前款罪，告诉的才处理，但是严重危害社会秩序和国家利益的除外。

通过信息网络实施第一款规定的行为，被害人向人民法院告诉，但提供证据确有困难的，人民法院可以要求公安机关提供协助。

一句话说法

诽谤罪与诬告陷害罪之间的区别如下：第一，行为方式不同。诬告陷害是向政府机关和有关部门告发，诽谤则是当众或者向第三者散布谣言。第二，主观方面不同。诬告陷害的意图是使他人受刑事处分，诽谤则是意图损害他人的人格、名誉。第三，所捏造的事实内容不同。诬告陷害捏造的是犯罪的事实，诽谤捏造的是足以损害他人人格、名誉的事实。

119. 无意之举致人死亡构成犯罪吗？

案例背景

赵某与妻子刘某是邻村人，两人经媒人介绍相识，相处一段时间后都觉得对方不错，便很快结了婚。婚后两人感情很好，虽然有时会拌嘴，但都是小打小闹。某日，二人因为家庭琐事发生了口角，赵某情急之下便顺手推了刘某一把，谁料这一推，刘某正好撞到了旁边的玻璃桌子上，头部出血。刘某虽被赵某紧急送往医院，但仍然抢救无效死亡。

学法有疑

赵某的无意之举是否构成犯罪？

法律讲堂

赵某的行为已经构成了过失致人死亡罪。过失致人死亡罪属于过失犯罪，是指行为人没有杀人的故意，但由于过失导致了他人死亡后果发生的行为。过失致人死亡主要表现为有的行为人应当预见自己的行为可能造成他人死亡的结果，但由于疏忽大意而没有预见，以致造成他人死亡；有的行为人已经预见到其行为可能会造成他人死亡的结果，但由于轻信能够避免以致造成他人死亡。如果行为人主观上没有过失，而是由于其无法预见的原因导致他人死亡的，属于意外事故，行为人不负责任。

本案中，因一时情急，赵某顺手推了刘某一下，事先没有预谋，也就不存在故意伤害的目的。事发后，赵某积极施救，将受害人送往医院抢救，也就不存在放任伤亡结果发生的间接故意。赵某应当预见到会有损伤发生的可能，但本案中赵某疏忽大意导致妻子刘某死亡的危害后果，主观方面应当属于疏忽大意的过失，依法应当承担过失致人死亡罪的刑事责任。

法律条文

《中华人民共和国刑法》

第十五条 应当预见自己的行为可能发生危害社会的结果，因为疏忽大意而没有预见，或者已经预见而轻信能够避免，以致发生这种结果的，是过失犯罪。

过失犯罪，法律有规定的才负刑事责任。

第二百三十三条 过失致人死亡的，处三年以上七年以下有期徒刑；情节较轻的，处三年以下有期徒刑。本法另有规定的，依照规定。

一句话说法

过失致人死亡主要表现为有的行为人应当预见自己的行为可能造成他人死亡的结果，由于疏忽大意而没有预见，以致造成他人死亡；有的行为人已经预见到其行为可能会造成他人死亡的结果，但由于轻信能够避免以致造成他人死亡。

120. 被判管制后可以不去监狱服刑吗?

案例背景

田某与王某住在同一个村子里，由于之前发生过矛盾，两家的关系不是很好。一天，田某开车从王某家门前经过时由于道路太窄，不小心将王某放在门口的电动车撞翻了。王某听见声音后赶紧跑出来，一看是田某干的非常生气，就和田某争吵起来，两人互不相让。于是，两人各自找了一帮人，双方发生了大规模的打斗。村里人报了警，经法院依法审理，田某与王某作为此次聚众斗殴的首要分子，均被判处管制一年。

学法有疑

田某与王某需要去监狱服刑吗?

法律讲堂

田某与王某不用去监狱服刑。《刑法》规定的五大主刑，除死刑是剥夺人的生命权外，其他几类都是限制人的人身自由权。根据限制人身自由的时间和程度由轻到重依次为管制、拘役、有期徒刑和无期徒刑。其中管制和拘役的执行机关是公安机关，有期徒刑和无期徒刑的执行机关是监狱。结合案例说明，田某与王某被判处管制，即不必到监狱服刑，不用实行关押。虽然被判处管制的罪犯无须到监狱服刑，但是因其行为违反了刑事法律，其人身自由还是会受到一定的限制。因此，无论刑罚的轻重，我们都不应去触碰法律的高压线。

法律条文

《中华人民共和国刑法》

第三十八条 管制的期限，为三个月以上二年以下。

判处管制，可以根据犯罪情况，同时禁止犯罪分子在执行期间从事特定活动，进入特定区域、场所，接触特定的人。

对判处管制的犯罪分子，依法实行社区矫正。

违反第二款规定的禁止令的，由公安机关依照《中华人民共和国治安管理处罚法》的规定处罚。

第三十九条 被判处管制的犯罪分子，在执行期间，应当遵守下列规定：

（一）遵守法律、行政法规，服从监督；

（二）未经执行机关批准，不得行使言论、出版、集会、结社、游行、示威自由的权利；

（三）按照执行机关规定报告自己的活动情况；

（四）遵守执行机关关于会客的规定；

（五）离开所居住的市、县或者迁居，应当报经执行机关批准。

对于被判处管制的犯罪分子，在劳动中应当同工同酬。

第四十条 被判处管制的犯罪分子，管制期满，执行机关应即向本人和其所在单位或者居住地的群众宣布解除管制。

第二百九十二条 聚众斗殴的，对首要分子和其他积极参加的，处三年以下有期徒刑、拘役或者管制；有下列情形之一的，对首要分子和其他积极参加的，处三年以上十年以下有期徒刑：

（一）多次聚众斗殴的；

（二）聚众斗殴人数多，规模大，社会影响恶劣的；

（三）在公共场所或者交通要道聚众斗殴，造成社会秩序严重混乱的；

（四）持械聚众斗殴的。

聚众斗殴，致人重伤、死亡的，依照本法第二百三十四条、第二百三十二条的规定定罪处罚。

根据法律规定，被判处管制的犯罪分子不需要到监狱服刑，但是根据犯罪情况，禁止其在执行期间从事特定活动，进入特定区域、场所，接触特定的人。

121. 将捡拾的枪支据为己有，是否属于犯罪行为？

案例背景

张村村民刘师傅在县城做公交车司机，某日，他和往常一样开着公交车。到了终点，等乘客们都下车后，刘师傅开始清理车厢。这时，他发现有一个座位上放着一个男士手包。刘师傅心想，这肯定是哪个乘客落下的。由于无法联系失主，刘师傅就打算把包先送到公司，等候失主联系自己。出于好奇，刘师傅顺手打开包看看是否有贵重物品，岂料发现包里竟有一把精致的小手枪和几张银行卡。刘师傅觉得这把手枪很新鲜，就决定自己留下，把手包和包内的其他东西交给了公司。事后，刘师傅的同事发现了此事，向当地公安机关举报了刘师傅。

学法有疑

捡拾并私藏枪支构成犯罪吗？

法律讲堂

刘师傅私藏枪支的行为已经构成犯罪。我国对于枪械的管理是非常严格的，任何单位或者个人非法持有、制造、买卖、运输、出租、出借枪支等的行为都要受到严厉的惩罚。犯此罪的，任何客观理由都不能成为免罪事由。严格的枪械管理规定是为了防止枪支泛滥的情况发生，以保证国家安全，维护社会稳定。目前，我国实行枪支管制，以最大限度地保证公民的人身财产安全，将犯罪行为的数量和强度都控制在一定的范围内。本案中，刘师傅私藏枪支的行为已经违反了我国法律的规定，构成犯罪，应承担刑事责任。

任何人无论以任何理由都不能私自持有枪支，因此，发现枪支时应当及时报告公安机关，而不能私藏，以免给自己带来麻烦，构成犯罪的还要承担刑事责任，得不偿失。

法律条文

《中华人民共和国刑法》

第一百二十八条第一款 违反枪支管理规定，非法持有、私藏枪支、弹药的，处三年以下有期徒刑、拘役或者管制；情节严重的，处三年以上七年以下有期徒刑。

《枪支管理法》

第三条 国家严格管制枪支。禁止任何单位或者个人违反法律规定持有、制造（包括变造、装配）、买卖、运输、出租、出借枪支。

国家严厉惩处违反枪支管理的违法犯罪行为。任何单位和个人对违反枪支管理的行为有检举的义务。国家对检举人给予保护，对检举违反枪支管理犯罪活动有功的人员，给予奖励。

第四十一条 违反本法规定，非法持有、私藏枪支的，非法运输、携带枪支入境、出境的，依照刑法有关规定追究刑事责任。

一句话说法

我国对于枪械的管理是非常严格的，任何单位或者个人非法持有、制造、买卖、运输、出租、出借枪支等行为都要受到严厉的惩罚。

122. 村民私挪电线杆造成大面积停电，是否需要承担刑事责任？

案例背景

宋某是某村村民，其宅基地旁边有一根电线杆，由于年久失修，电线杆的柱子已经倾斜，电线也很松弛。由于宋某经常跑短途运输业务，每天都要开大车从家门口进出，此电线杆就成了宋某经过时的阻碍。为此，宋某一直很是苦恼。为了行车便利，宋某便决定把电线杆挪开，结果造成本村大面积停电，几个村办的加工厂也都受到影响。

学法有疑

个人实施的移动电线杆的行为构成犯罪吗？

法律讲堂

宋某随意移动电线杆，破坏电力设施，要依法追究其刑事责任。电线杆是重要的基础设施，应由国家指派专业人员建造、维修以及拆除，没有有关部门的授权，任何人不能随便对其进行移动，如果造成了严重的后果，就以破坏电力设施罪论处，追究其刑事责任。除电线杆外，对国家修建的其他基础设施造成破坏的行为，也一律依法追究刑事责任。

电线杆、光缆等都属于国家电力设备，应当由专业人员维护。如果公民认为这些电力设备对自己的生活造成了不良影响，应当向有关部门申请移除或改建，但是不得私自挪动，否则就是一种违法犯罪行为。

法律条文

《中华人民共和国刑法》

第一百一十八条 破坏电力、燃气或者其他易燃易爆设备，危害公共安全，尚未造成严重后果的，处三年以上十年以下有期徒刑。

第一百一十九条 破坏交通工具、交通设施、电力设备、燃气设备、易燃易爆设备，造成严重后果的，处十年以上有期徒刑、无期徒刑或者死刑。

过失犯前款罪的，处三年以上七年以下有期徒刑；情节较轻的，处三年以下有期徒刑或者拘役。

电线杆是重要的基础设施，应由国家指派专业人员建造、维修以及拆除，没有有关部门的授权，任何人不能随便对其进行移动。

第 14 章 打官司问题

123. 主审法官接受一方当事人宴请，另一方有权要求该主审法官退出该案件审理吗？

案例背景

某村村民钱某于 2017 年向同村严某借款 3 万元，约定借款期限为两年。2019 年 10 月，钱某家的地遭受虫灾，导致血本无归。同年 11 月，严某上门催债，钱某表示希望宽限一段时间，凑够钱后一定偿还。严某不同意并向法院提起民事诉讼，要求钱某偿还所借欠款并附带利息，共计3.15万元。人民法院在受理此案后，指定由刘法官负责此案的审理工作。钱某在得知这一情况后，主动宴请刘法官，希望能够得到关照。刘法官接受钱某的宴请后，满口答应一定照顾钱某。事后，严某了解到刘法官接受了钱某的宴请时，担心自己受到不公平的对待，因而希望刘法官能够退出案件审理。

学法有疑

那么，主审法官接受一方当事人的宴请，另一方当事人是否有权要求其退出案件审理？

法律讲堂

严某有权向法院提出申请，要求接受对方当事人宴请的法官退出案件审理。根据《民事诉讼法》第四十四条第二款的规定，审判人员接受当事人、诉讼代理人请客送礼，或者违反规定会见当事人、诉讼代理人的，当事人有权要求他们回避。本案中，主审法官刘某接受被告人钱某的宴请，属于法定应该回避的情形。为保障案件能得到公平的审理，维护司法机关工作人员的良好形象，严某有权要求主审法官依法回避。

法律条文

《中华人民共和国民事诉讼法》

第四十四条 审判人员有下列情形之一的，应当自行回避，当事人有权用口头或者书面方式申请他们回避：

（一）是本案当事人或者当事人、诉讼代理人近亲属的；

（二）与本案有利害关系的；

（三）与本案当事人、诉讼代理人有其他关系，可能影响对案件公正审理的。

审判人员接受当事人、诉讼代理人请客送礼，或者违反规定会见当事人、诉讼代理人的，当事人有权要求他们回避。

审判人员有前款规定的行为的，应当依法追究法律责任。

前三款规定，适用于书记员、翻译人员、鉴定人、勘验人。

一句话说法

人民法院审判案件的审判人员或者其他有关人员，遇到法律规定的情形，可能影响案件公正审理的，应当主动退出案件的审理，当事人及其代理人也可以请求更换上述人员。

124. 当事人不愿意调解的，调解还能否进行？

案例背景

周某与郑某同住一个村子又是邻居，平时两家关系不错。但是今年因周某家修建房子时占了郑某家门口的空地，郑某很不满意，但多次找周某协商未果。郑某情绪激动之下将周某放在自己家门口的东西全部损毁。事后，郑某拒不支付给周某相应的赔偿，周某只得将郑某起诉到人民法院。负责此案的法官小陈为了提高自己的调解绩效，多次劝说两家进行调解，但是郑某均表示反对。

学法有疑

那么，当事人不愿意调解的，是否还能继续进行调解？

法律讲堂

法院调解既是当事人行使处分权的过程，也是法院行使审判权的一种方式。法院调解应当遵循自愿原则和“查明事实、分清是非”原则。《民事诉讼法》第九十三条规定：“人民法院审理民事案件，根据当事人自愿的原则，在事实清楚的基础上，分清是非，进行调解。”调解是建立在双方自愿的基础上的，本案中，当事人郑某已经明确表示不愿意接受调解，所以人民法院应当及时依法进行审理，作出判决，而不能强迫当事人调解，或者久调不判。

法律条文

《中华人民共和国民事诉讼法》

第九十三条 人民法院审理民事案件，根据当事人自愿的原则，在事实清楚的基础上，分清是非，进行调解。

调解必须得当事人双方都表示同意才可以进行，居中调解的法院或者仲裁院等机构都不得强迫当事人违背自己的意愿接受调解，这是法律充分尊重当事人意愿的表现。

125. 丈夫在外打工至今未归，妻子想起诉离婚，应该向哪里的法院起诉？

案例背景

张某是农村人，由于家里穷一直没有娶上媳妇。张某到外地打工挣了一些钱后，回家经媒人介绍，与邻村的李某结了婚。婚后不久，张某便和李某商量继续出去打工，李某表示同意。可是没想到，张某这一去就是五年。这五年间，张某从未回过家，也未和李某联系，更未给家里寄过钱。李某决定和张某离婚，但因为一直联系不上张某，李某只能起诉离婚。

学法有疑

那么，李某应该向哪里的法院起诉呢？

法律讲堂

对于民事诉讼案件，一般管辖的原则为“原告就被告”，即原告需要到被告住所地或者经常居住地的人民法院起诉，但上述案例中李某难以联系到张某，到张某经常居住地起诉离婚的难度较大，考虑到这些情况，《最高人民法院关于适用〈中华人民共和国民事诉讼法〉的解释》第十二条第一款规定：“夫妻一方离开住所地超过一年，另一方起诉离婚的案件，可以由原告住所地人民法院管辖。”案例中张某离开住所地已经 5 年，所以李某可以依法在自己住所地人民法院起诉离婚。

法律条文

《最高人民法院关于适用〈中华人民共和国民事诉讼法〉的解释》

第十二条 夫妻一方离开住所地超过一年，另一方起诉离婚的案件，可以由原告住所地人民法院管辖。

夫妻双方离开住所地超过一年，一方起诉离婚的案件，由被告经常居住地人民法院管辖；没有经常居住地的，由原告起诉时被告居住地人民法院管辖。

一句话说法

夫妻一方离开住所地超过一年的，另一方想离婚时可以选择起诉离婚。考虑到原告起诉离婚时，到被告经常居住地起诉的难度较大，所以原告可以依法在自己住所地人民法院起诉离婚。

126. 故意毁损被查封财产的，是否会受到惩罚？

案例背景

某村的高某初中毕业后就没有再继续上学，而是随父母在村里种地。2018年4月，高某发现村后面的山上一直以来都是光秃秃的，没有人使用，便想把这里承包下来，用来种植果树。于是，高某开始筹备起来。由于资金短缺，高某便向亲戚吴某借了5万元，借期为一年。2019年5月6日，该笔借款到期，但却一直未见高某还款，吴某多次催促高某还款未果，无奈之下将高某诉至法院，并提起了保全申请。法院受理吴某的保全申请后，遂作出裁定，查封了高某的一辆货车。法院判决生效以后，吴某申请法院强制执行，此时才发现高某已经将该货车故意砸坏，车已经报废了。

学法有疑

高某的行为应该受到怎样的处罚呢？

法律讲堂

《民事诉讼法》第一百一十一条的规定，诉讼参与人或者其他人隐藏、转移、变卖、毁损已被查封、扣押的财产，或者已被清点并责令其保管的财产，转移已被冻结的财产的，人民法院可以根据情节轻重予以罚款、拘留；构成犯罪的，依法追究刑事责任。人民法院对有上述行为的单位，可以对其主要负责人或者直接责任人员予以罚款、拘留；构成犯罪的，依法追究刑事责任。根据此条规定，诉讼参与人或者其他人隐藏、转移、变卖、毁损已被查封、扣押的财产，或者已被清点并责令其保管的财产，转移已被冻结的财产的，情节严重的，可以追究刑事责任。其中已被司法机关查封、扣押、冻结的财产，是指司法机关依照法律规定的条件和程序，履行法律规定的手续而查封、扣押、冻结的财产。本案中，高某明知该货车已被法院查封，却故意予以毁损，人民法院可以视情节对高某处以罚款、拘留的处罚，若情节严重，构成非法处置查封的财产罪，要依法追究其刑事责任。

法律条文

《中华人民共和国民事诉讼法》

第一百一十一条 诉讼参与人或者其他人有下列行为之一的，人民法院可以根据情节轻重予以罚款、拘留；构成犯罪的，依法追究刑事责任：

……

（三）隐藏、转移、变卖、毁损已被查封、扣押的财产，或者已被清点并责令其保管的财产，转移已被冻结的财产的；

……

人民法院对有前款规定的行为之一的单位，可以对其主要负责人或者直接责任人员予以罚款、拘留；构成犯罪的，依法追究刑事责任。

查封的目的在于促使被执行人履行生效的法律文书所确定的义务，以实现申请人的权利。故意损坏被查封财产的，人民法院可以视情节对其处以罚款、拘留的处罚，情节严重，构成非法处置查封的财产罪的，要依法追究其刑事责任。

127. 在刑事诉讼中，谁有权下逮捕令？

案例背景

张某与李某是同村人，两人青梅竹马。长大后，两人互生好感，但遭到了家人的反对。于是，张某与李某决定偷偷交往。不久后，李某发现自己怀孕了，心里非常害怕，怕父母知道后会生气。但纸是包不住火的，李某怀孕这件事最终还是被李某的母亲知道了，在她的追问之下，李某说出了一切。李某的父母在气恼之下向公安机关报案，要求追究张某的刑事责任。侦查人员白某在做了笔录以后，深感气愤，并对李某的父母表示决定逮捕张某。于是，白某立即填发了一张逮捕证，并独自一人执行了对张某的逮捕。

学法有疑

请问，侦查人员有权下逮捕令吗？

法律讲堂

侦查人员白某签发逮捕证的做法是违法的。逮捕，是指公安机关、人民检察院和人民法院，为防止犯罪嫌疑人或者被告人逃避侦查、起诉和审判，进行妨碍刑事诉讼的行为，或者发生社会危害性，而依法剥夺其人身自由，将其羁押起来的一种强制措施。逮捕是刑事诉讼的强制措施中最严厉的一种，逮捕以后，除非发现不应当追究刑事责任和符合变更强制措施的条件外，对被逮捕人的羁押期限一般要到人民法院判决生效为止。根据《刑事诉讼法》第八十条的规定，逮捕犯罪嫌疑人、被告人，必须经过人民检察院批准或者人民法院决定，由公安机执行。可见，有权批准逮捕的是人民检察院和人民法院，公安机关是逮捕的执行机关。本案中，白某身为公安机关的一个侦查人员，没有做出逮捕决定的权力。

法律条文

《中华人民共和国刑事诉讼法》

第八十条 逮捕犯罪嫌疑人、被告人，必须经过人民检察院批准或者人民法院决定，由公安机关执行。

第八十九条 人民检察院审查批准逮捕犯罪嫌疑人由检察长决定。重大案件应当提交检察委员会讨论决定。

第九十条 人民检察院对于公安机关提请批准逮捕的案件进行审查后，应当根据情况分别作出批准逮捕或者不批准逮捕的决定。对于批准逮捕的决定，公安机关应当立即执行，并且将执行情况及时通知人民检察院。对于不批准逮捕的，人民检察院应当说明理由，需要补充侦查的，应当同时通知公安机关。

有权批准逮捕的是人民检察院和人民法院，逮捕的执行机关是公安机关，且执行逮捕时，必须向被逮捕人出示逮捕证。

128. 在行政诉讼中，诉讼参与人胁迫原告撤诉会受到什么处罚？

案例背景

刘某的儿子考上大学后，刘某与妻子商量着随儿子一起进城。夫妻二人都是实实在在的农村人，没有文化，工作也不好找，就做起了摆地摊的生意。一天，夫妻二人照常摆摊，不一会儿来了几个城管，要求刘某交摊位费，要不然就得搬走，刘某不同意，双方起了争执，刘某被对方打伤。事后，刘某起诉到人民法院，法院依法受理了该案件。在开庭前，城管局的相关负责人找到刘某，胁迫刘某撤诉。

学法有疑

那么，城管局相关负责人的这种做法会受到什么样的处罚？

法律讲堂

刘某可以向人民法院提出城管局胁迫自己撤诉的事实，提请人民法院对此事予以处分。根据《行政诉讼法》第五十九条的规定，诉讼参与人以欺骗、胁迫等非法手段使原告撤诉的，人民法院可以根据情节的轻重，对行为人、单位予以训诫、责令具结悔过或处以罚款、拘留；构成犯罪的，将依法追究刑事责任。因此，刘某可以及时向人民法院提出请求，要求人民法院采取相应的措施。此项规定的出台是基于行政机关与行政相对人处于不平等的地位的事实，而且在现实生活中经常会出现行政机关肆意扩大自己权力的现象，故法律如此规定是出于限制、监督行政权力，保护私权利的目的。

本案中，城管局利用自己享有行政权力的绝对优势，对行政相对人予以胁迫，此时如果刘某及时请求法院对自己予以保护，就可以避免自己的权益受到侵害，使得城管局相关负责人受到应有的惩罚。

法律条文

《中华人民共和国行政诉讼法》

第五十九条 诉讼参与人或者其他人有下列行为之一的，人民法院可以根据情节轻重，予以训诫、责令具结悔过或者处一万元以下的罚款、十五日以下的拘留；构成犯罪的，依法追究刑事责任：

……

（五）以欺骗、胁迫等非法手段使原告撤诉的；

……

人民法院对有前款规定的行为之一的单位，可以对其主要负责人或者直接责任人员依照前款规定予以罚款、拘留；构成犯罪的，依法追究刑事责任。

罚款、拘留须经人民法院院长批准。当事人不服的，可以向上一级人民法院申请复议一次。复议期间不停止执行。

行政机关与行政相对人处于不平等的地位，二者是不平权的关系。因此，法律上述规定也是出于限制、监督行政权力，保护私权利的目的。

129. 行政诉讼中，立案庭拒不接收起诉状的，起诉人该怎么办?

案例背景

某村的秦某打算在镇上开一家餐馆，便向县食品药品监督管理局申请发放餐饮服务许可证，但是县食品药品监督管理局作出了不予许可的决定，秦某不服，向法院提起了行政诉讼。但是法院接到起诉状后却不肯接收，在秦某的追问下，法院也没有说明理由，并且未出具任何不接收起诉状的书面凭证，只是简单地口头告知秦某不予接收。

学法有疑

那么，秦某应如何维护自己的合法权益呢?

法律讲堂

对于人民法院立案庭拒不接收起诉状的行为，根据《行政诉讼法》第五十一条第四款的规定："对于不接收起诉状、接收起诉状后不出具书面凭证，以及不一次性告知当事人需要补正的起诉状内容的，当事人可以向上级人民法院投诉，上级人民法院应当责令改正，并对直接负责的主管人员和其他直接责任人员依法给予处分。"现实生活中经常出现案例中的情况，基于此，《行政诉讼法》第五十二条又规定："人民法院既不立案，又不作出不予立案裁定的，当事人可以向上一级人民法院起诉。上一级人民法院认为符合起诉条件的，应当立案、审理，也可以指定其他下级人民法院立案、审理。"针对一些人民法院消极立案受理行政案件的现实情况，法律给予了当事人一定的救济途径，以最大限度地保护公民的权利，有利于当事人的权利得到及时的救济，也有利于限制法院滥用权力，维护司法的公正，树立司法的权威。此外，《最高人民法院关于人民法院登记立案若干问题的规定》第十三条第一款规定："对立案工作中存在的不接收诉状、接收诉状后不出具书面凭证，不一次性告知当事人补正诉状内容，以及有案不立、拖延立案、干扰立案、既不立案又不作出裁定或者决定等违法违纪情形，当事人可以向受诉人民法院或者上级人民法院投诉。"该规定确保当事人在面对违法违纪情形时有对应的投诉部门，进一步维护了当事人的权利。

本案中，某人民法院拒不接收起诉状，也不出具任何不接收的书面说明和理由，面对这种情况，秦某可以向上级人民法院投诉。如果某人民法院不予改正，秦某可以直接向上一级人民法院起诉，由上一级人民法院立案审理，也可以由上一级人民法院指定其他下级法院立案受理。

法律条文

《中华人民共和国行政诉讼法》

第五十一条第四款　对于不接收起诉状、接收起诉状后不出具书面凭证，以及不一次性告知当事人需要补正的起诉状内容的，当事人可以向上级人民法院投诉，上级人民法院应当责令改正，并对直接负责的主管人员和其他直接责任人员依法给予处分。

第五十二条　人民法院既不立案，又不作出不予立案裁定的，当事人可以向上一级人民法院起诉。上一级人民法院认为符合起诉条件的，应当立案、审理，也可以指定其他下级人民法院立案、审理。

《最高人民法院关于人民法院登记立案若干问题的规定》

第十三条第一款　对立案工作中存在的不接收诉状、接收诉状后不出具书面凭证，不一次性告知当事人补正诉状内容，以及有案不立、拖延立案、干扰立案、既不立案又不作出裁定或者决定等违法违纪情形，当事人可以向受诉人民法院或者上级人民法院投诉。

一句话说法

针对部分人民法院消极立案受理行政案件的状况，法律给予了当事人一定的救济途径，以最大限度地保护公民的权利，有利于当事人的权利得到及时的救济，从而也有利于维护司法的公正，树立司法的权威。

第15章 信访问题

130. 信访人可以通过哪些渠道进行信访？

案例背景

刘家村坐落在某市的郊区，刘二牛就是该村的村民。这几年人们一直在传该市郊区的村子要拆迁，村民们也都在盼望着此事快点落实。刘二牛的儿子打算结婚，由于听说要拆迁，刘二牛心想反正拆迁后自家能分得一套90多平方米的新房子，就没有给儿子盖新房子。一直等到儿子结婚后很长时间拆迁才开始。虽然拆迁开始了，但刘二牛却高兴不起来，因为村委会告诉他不能都要房子，必须选择部分货币补偿。刘二牛通过多种途径都没解决问题，于是他想通过信访的形式保护自己的利益，但是又不知道信访的渠道。

学法有疑

那么，刘二牛该通过哪些渠道进行信访呢？

法律讲堂

在现实生活中，有些群众在合法权益受到损害后，为了讨回公道，通常采取信访的方式维权。根据《信访条例》第九条及第十条规定，各级人民政府、县级以上人民政府工作部门都会公布信访机构的相关信息及处理程序等相关事宜，同时还会有专门的信访接待制度，这些都是为了及时、公开地解决信访事项。本案中，村民刘二牛可以通过邮寄信件、打电话、在网上发送电子邮件或者亲自到信访机构等方式反映问题，信访机构对反映的事项进行核实后，依据不同的情况作出不同的处理。

法律条文

《信访条例》

第九条 各级人民政府、县级以上人民政府工作部门应当向社会公布信访工作机构的通信地址、电子信箱、投诉电话、信访接待的时间和地点、查询信访事项处理进展及结果的方式等相关事项。

各级人民政府、县级以上人民政府工作部门应当在其信访接待场所或者网站公布与信访工作有关的法律、法规、规章，信访事项的处理程序，以及其他为信访人提供便利的相关事项。

第十条 设区的市级、县级人民政府及其工作部门，乡、镇人民政府应当建立行政机关负责人信访接待日制度，由行政机关负责人协调处理信访事项。信访人可以在公布的接待日和接待地点向有关行政机关负责人当面反映信访事项。

县级以上人民政府及其工作部门负责人或者其指定的人员，可以就信访人反映突出的问题到信访人居住地与信访人面谈沟通。

第十一条 国家信访工作机构充分利用现有政务信息网络资源，建立全国信访信息系统，为信访人在当地提出信访事项、查询信访事项办理情况提供便利。

县级以上地方人民政府应当充分利用现有政务信息网络资源，建立或者确定本行政区域的信访信息系统，并与上级人民政府、政府有关部门、下级人民政府的信访信息系统实现互联互通。

一句话说法

群众在进行上访时，可以通过邮寄信件、打电话、在网上发送电子邮件或者亲自到信访机构等方式反映问题，信访机构对反映的事项进行核实后，依据不同的情况作出不同的处理。

131. 信访人在等待处理结果期间，是否还能向上级机关提出同一信访事项?

案例背景

甲村村委会为了改善本村的交通环境，促进经济发展，决定修路。镇上对此事也十分支持，但因为实际困难只能解决一部分资金。村民们觉得能修路不容易，就提出建议，由村民集资修路，村委会也很赞同这个办法，很快资金就筹集够了。但是路修到一半的时候，村委会又提出资金短缺需要重新集资。村民们认为原先筹集的资金加上镇政府的支持，修路的款项是足额的，出现这种情况肯定是村委会扣下了部分款项。村民们决定去县里上访。县里的相关部门受理了此事。村民们在等待结果的期间，突然想到县里的领导和村里的干部关系都不错，肯定会帮着村委会，于是又决定向市里提出信访。

学法有疑

那么，村民在等待结果期间，还可以向市里提出同一信访事项吗?

法律讲堂

县级以上人民政府都设有专门的工作部门，负责处理信访事项。根据《信访条例》第十六条的规定，信访人应向依法有权处理的本级或者上一级机关提出信访事项；信访事项已受理的，信访人不得向上级机关再提出信访要求。本案中，村民首先向县里提出了信访，县里的相关部门也已经受理，但是，村民出于主观上对县里的不信任，决定向市里提出信访要求，这是不合法律规定的，即使提出了，市级信访机关也不会受理。

法律条文

《信访条例》

第十六条 信访人采用走访形式提出信访事项，应当向依法有权处理的本级或者上一级机关提出；信访事项已经受理或者正在办理的，信访人在规定期限内向受理、办理机关的上级机关再提出同一信访事项的，该上级机关不予受理。

一句话说法

为了减轻信访人的经济负担，避免各级行政机关就同一信访事项重复处理，加重社会管理成本，公民在信访过程中，须自觉维护正常的信访秩序。信访人采用走访形式提出信访事项的，应当根据信访事项的性质和管辖层级，到依法有权处理的本级或上一级机关设立的指定接待场所提出。对于信访事项已经受理，信访人在规定期限内向受理机关的上级机关再提出同一信访事项的，上级机关不予受理。

132. 信访人在进行集体信访时，需要注意哪些事项?

案例背景

某县为了发展经济，引进外资建立了一个造纸厂。造纸厂的建立不仅能带来不少税收收入，还能解决当地村民的就业问题，因此大家都非常高兴。但村民们到造纸厂上班一年多，还没有发过一次工资，而且村民们每次向造纸厂的经理要求支付工资时，经理都会找各种理由拒绝。由于多次讨付工资未果，无奈之下，村民们决定集体到县里上访。

学法有疑

村民集体去县里上访时，需要注意哪些事项?

法律讲堂

根据我国《信访条例》第十八条、第二十条的规定，集体信访采用走访形式的，应当推选代表，代表人数不得超过 5 人；同时应当遵守法律、法规，不得损害国家、社会、集体的利益和其他公民的合法权利，自觉维护社会公共秩序和信访秩序，不得在国家机关办公场所周围、公共场所非法聚集，围堵、冲击国家机关，拦截公务车辆，或者堵塞、阻断交通；不得携带危险物品、管制器具；不得侮辱、殴打、威胁国家机关工作人员，或者非法限制他人人身自由；不得在信访接待场所滞留、滋事，或者将生活不能自理的人弃留在信访接待场所；不得煽动、串联、胁迫、以财物诱使、幕后操纵他人信访或者以信访为名借机敛财；不得有扰乱公共秩序、妨害国家和公共安全的其他行为。因此，集体信访采用走访形式的，应当推选信访代表，这些代表要严格遵守相关法律，依法上访，否则就要承担相应的法律责任；构成犯罪的，还会被依法追究刑事责任。

法律条文

《信访条例》

第十八条 信访人采用走访形式提出信访事项的，应当到有关机关设立或者指定的接待场所提出。

多人采用走访形式提出共同的信访事项的，应当推选代表，代表人数不得超过5人。

第二十条 信访人在信访过程中应当遵守法律、法规，不得损害国家、社会、集体的利益和其他公民的合法权利，自觉维护社会公共秩序和信访秩序，不得有下列行为：

（一）在国家机关办公场所周围、公共场所非法聚集，围堵、冲击国家机关，拦截公务车辆，或者堵塞、阻断交通的；

（二）携带危险物品、管制器具的；

（三）侮辱、殴打、威胁国家机关工作人员，或者非法限制他人人身自由的；

（四）在信访接待场所滞留、滋事，或者将生活不能自理的人弃留在信访接待场所的；

（五）煽动、串联、胁迫、以财物诱使、幕后操纵他人信访或者以信访为名借机敛财的；

（六）扰乱公共秩序、妨害国家和公共安全的其他行为。

根据多人走访的特点和实际情况，以及信访工作实践经验，集体信访应当推选代表，并不得超过5名。由选派的代表反映共同意愿，既方便群众，减轻群众负担，节省人力、物力和财力，又维护了正常的生产、工作和生活秩序。

133. 信访办工作人员可以向被揭发人泄露检举信息吗？

案例背景

王某所在的村子正在搞拆迁，他和儿子王超分别与拆迁方签订了房屋拆迁协议。在签订房屋拆迁协议时，王某与儿子王超都选择了产权调换安置。但后来村委会只给王超安排了宅基地，而王某只收到了补偿款。王某对于村委会的做法感到非常生气，多次找村委会解决此事未果，于是决定去乡政府上访。但信访办的一个工作人员是王某所在村村长的远房亲戚，其私自将检举材料转交给了村长。

学法有疑

那么，信访办工作人员可以向被揭发人泄露检举信息吗？

法律讲堂

信访办的工作人员是信访事项的处理者，他们应该站在公正的立场处理问题，不应该存有私心。根据我国《信访条例》第二十三条、第四十四条的规定，信访办的工作人员不得将信访材料转发给被揭发的人员或者单位，如有违反，依法给予行政处分。信访工作人员应该严格履行自己的工作职责，恪尽职守，严于律己。本案中，信访办的工作人员没有遵守法律规定，私自将材料转交给被揭发人，这种行为是违法的，不利于信访事项的公正解决，应依法对该工作人员予以行政处分。

法律条文

《信访条例》

第二十三条 行政机关及其工作人员不得将信访人的检举、揭发材料及有关情况透露或者转给被检举、揭发的人员或者单位。

第四十四条 行政机关工作人员违反本条例规定，将信访人的检举、揭发材料或者有关情况透露、转给被检举、揭发的人员或者单位的，依法给予行政处分。

行政机关工作人员在处理信访事项过程中，作风粗暴，激化矛盾并造成严重后果的，依法给予行政处分。

信访机关工作人员应按照法定程序处理信访信息，擅自泄露信访人的检举揭发信息，会严重侵害信访人员的合法权益，若泄露行为造成严重后果的，对直接负责的主管人员和其他直接责任人员依法给予行政处分；若泄露行为构成犯罪的，依法追究刑事责任。

134. 不服行政机关的信访处理结果时，应该怎么办？

案例背景

宋村是某县有名的贫困村，县里为了帮助该村村民脱贫致富，就拨付资金让他们发展绿色蔬菜基地。资金到位后，村干部经过开会认为，资金若只用作蔬菜基地建设，万一赔了就血本无归，于是决定挪出一部分资金来建一个服装厂。但是，由于他们不懂服装生产和销售的门道，导致服装厂亏损严重，被迫停产。蔬菜基地虽然发展前景良好，但由于资金不足也举步维艰。村民认为是村干部滥用职权，私自投资成立服装厂造成了损失，浪费了资金，才导致现在的困局。于是，村民将村干部的所作所为整理成材料寄到了信访办。县政府的《答复意见》认为村委会的做法无不妥之处，但村民不服县信访行政机关的信访处理结果。

学法有疑

请问，不服行政机关的信访处理结果时，应该怎么办？

法律讲堂

根据我国《信访条例》第三十四条、第三十五条的规定，信访人对行政机关作出的信访事项处理意见不服的，可以自收到书面答复之日起30日内请求原办理行政机关的上一级行政机关复查；对复查意见不服的，可以自收到书面答复之日起30日内向复查机关的上一级行政机关请求复核；信访人对复核意见不服，仍然以同一事实和理由提出投诉请求的，各级人民政府信访工作机构和其他行政机关不再受理。本案中，村民对信访处理结果不服的，依法有两次机会获得救济。就是通过向原办理机关的上一级行政机关请求复查和向复查的上一级行政机关请求复核。对信访结果不服的，经过复查、复核，信访救济程序即告终结，信访人就同一事实和理由再信访的，将不予受理。

法律条文

《信访条例》

第三十四条 信访人对行政机关作出的信访事项处理意见不服的，可以自收到书面答复之日起30日内请求原办理行政机关的上一级行政机关复查。收到复查请求的行政机关应当自收到复查请求之日起30日内提出复查意见，并予以书面答复。

第三十五条 信访人对复查意见不服的，可以自收到书面答复之日起30日内向复查机关的上一级行政机关请求复核。收到复核请求的行政机关应当自收到复核请求之日起30日内提出复核意见。

复核机关可以按照本条例第三十一条第二款的规定举行听证，经过听证的复核意见可以依法向社会公示。听证所需时间不计算在前款规定的期限内。

信访人对复核意见不服，仍然以同一事实和理由提出投诉请求的，各级人民政府信访工作机构和其他行政机关不再受理。

当事人在信访过程中，对某一级信访答复不服的，只能继续向上一级行政机关提出处理申请，直至穷尽整个信访救济程序。信访三级处理终结后，该信访事项处理终结。公民与行政机关之间的矛盾，可以通过行政复议、行政诉讼、信访等解决，信访属于非司法途径，更多的问题最好通过行政复议、行政诉讼等法律途径来解决。

135. 信访时违反了法律规定，是否需要承担法律责任？

案例背景

某村为了改善环境，促进经济发展，决定修路。县政府对此也很支持，并向村里拨了修路的款项。但是过了很久，村委会也未把修路的日程提上来。后来村民们听说村干部私自挪用了县里拨付的款项，才导致至今未修路。村民们认为村干部滥用职权，侵害了村集体和村民的利益。一部分群众心有不服就去县里信访，但是，他们在信访时聚集在机关办公场所周围，堵塞、阻断了附近的交通，严重影响了正常的公共秩序。信访工作人员对他们进行了劝阻、教育，并告知其违反信访规定需承担相应的法律责任。

学法有疑

那么，不按规定信访的信访人，究竟需要承担什么责任？

法律讲堂

信访是公民的权利，但必须依法进行。我国《信访条例》第四十七条明确规定："违反本条例第十八条、第二十条规定的，有关国家机关工作人员应当对信访人进行劝阻、批评或者教育。经劝阻、批评和教育无效的，由公安机关予以警告、训诫或者制止；违反集会游行示威的法律、行政法规，或者构成违反治安管理行为的，由公安机关依法采取必要的现场处置措施、给予治安管理处罚；构成犯罪的，依法追究刑事责任。"由此可见，对不按规定的秩序信访的信访者，符合法律规定情形的，由公安机关依法采取必要的现场处置措施，给予治安管理处罚；构成犯罪的，依法追究刑事责任。所以，公民在通过信访维护权益的同时，必须遵守法律，有序信访。

法律条文

《信访条例》

第四十七条 违反本条例第十八条、第二十条规定的，有关国家机关工作人员应当对信访人进行劝阻、批评或者教育。

经劝阻、批评和教育无效的，由公安机关予以警告、训诫或者制止；违反集会游行示威的法律、行政法规，或者构成违反治安管理行为的，由公安机关依法采取必要的现场处置措施、给予治安管理处罚；构成犯罪的，依法追究刑事责任。

一句话说法

建立并维护正常的信访秩序，是畅通信访渠道和保障信访群众合法权益的必然要求。《信访条例》对于六类行为作了禁止性规定，并与《刑法》等法律作了衔接，规定信访人员的行为违反集会游行示威的法律、行政法规，或者构成违反治安管理的，由公安机关依法采取必要的现场处置措施、给予治安管理处罚，构成犯罪的，依法追究刑事责任。

136. 有关机关对公民信访事项久拖不决，需要承担责任吗？

案例背景

李某是某村的水产养殖大户。2017 年，李某和村里签订了池塘承包协议，协议内容约定李某可以使用该池塘 10 年。但到了 2020 年，李某被村委会通知不能再使用该池塘了，原因是某房地产公司已经买下了这块地，要在这里建楼房。李某非常生气，便和村干部据理力争，要求村委会对其进行赔偿，但遭到了村委会的拒绝。李某无奈之下只好去上访，要求政府解决此事。但是李某每次去，工作人员总是找各种各样的理由拖着不给解决。

学法有疑

有关机关对公民信访事项久拖不决，需要承担责任吗？

法律讲堂

我国《信访条例》第四十三条规定，对信访事项有权处理的行政机关在办理信访事项过程中，推诿、敷衍、拖延信访事项办理或者未在法定期限内办结信访事项的，由其上级行政机关责令改正；造成严重后果的，对直接负责的主管人员和其他直接责任人员依法给予行政处分。因此，有权机关办理信访事项，应当恪尽职守、及时妥善处理，不得推诿、敷衍、拖延。对久拖不决的，其上级机关有权责令其改正，后果严重的将会依法给予相关人员行政处分。

法律条文

《信访条例》

第四十三条 对信访事项有权处理的行政机关在办理信访事项

过程中，有下列行为之一的，由其上级行政机关责令改正；造成严重后果的，对直接负责的主管人员和其他直接责任人员依法给予行政处分：

（一）推诿、敷衍、拖延信访事项办理或者未在法定期限内办结信访事项的；

（二）对事实清楚，符合法律、法规、规章或者其他有关规定的投诉请求未予支持的。

某些公职人员对于群众的诉求不理不睬或拖着不办理。对这些行为，《信访条例》是严格惩处的。这有利于维护处于弱势地位的信访者的合法权益，使其反馈的问题及时得到解决，维护政府的公信力。

137. 法律上是否规定了信访事项的办理期限？

案例背景

赵某是某村村民，村长刘明盖房子时侵占了赵某的宅基地。赵某找到刘明进行交涉，拿出证据据理力争，但是刘明态度十分强硬，声称自己没有侵占他的宅基地，并且还放出话来说自己是村长，就算告到上边，政府也不会管的。赵某不信刘明说的话，决定上访，要求政府解决此事。但两个半月过去了，其信访事项仍没有任何回音。

学法有疑

那么，法律对于信访事项的办理，有没有什么期限规定？

法律讲堂

我国《信访条例》第三十三条对信访期限作出了明确规定："信访事项应当自受理之日起60日内办结；情况复杂的，经本行政机关负责人批准，可以适当延长办理期限，但延长期限不得超过30日，并告知信访人延期理由。法律、行政法规另有规定的，从其规定。"由此可见，信访事项一般情形下法定办理期限为60日，如若情况复杂可适当延长，延长期限最多不得超过30日。此外，法律、行政法规另有规定的，从其特别规定。赵某的信访事项，按规定应自受理之日起60日内办结，如若情况复杂，可适当延长期限，但加起来最多不得超过90日。

法律条文

《信访条例》

第三十三条 信访事项应当自受理之日起60日内办结；情况复杂的，经本行政机关负责人批准，可以适当延长办理期限，但延长期限不得超过30日，并告知信访人延期理由。法律、行政法规另有规定的，从其规定。

一句话说法

针对不同的情况有不同的信访期限，这不仅有利于维护信访人的合法权益，也有利于提高相关工作人员的办事效率。所以，在信访人反映问题时，工作人员应当告知其办理期限，以避免信访人对信访机构产生不必要的误会，造成不良影响。

138. 信访人在信访时捏造事实诬告他人，需要承担什么法律责任？

案例背景

某村正在竞选村干部，陈某与白某都是竞选村主任的热门人选，论能力两人不相上下，但论人品白某却远高于陈某。结果，白某不负众望，在竞选中获胜。陈某对此结果不服，认为白某不如自己，于是就捏造白某有贿选、暗箱操作等行为，并反映到了相关的信访机关。白某知道陈某的行为后非常生气，要求陈某承担法律责任。

学法有疑

那么，信访人胡乱捏造事实诬告他人需要承担什么责任？

法律讲堂

我国《信访条例》第四十八条规定："信访人捏造歪曲事实、诬告陷害他人，构成犯罪的，依法追究刑事责任；尚不构成犯罪的，由公安机关依法给予治安管理处罚。"信访人捏造他人违法的事实，向国家机关和有关单位告发，企图诬告陷害他人，不仅会使他人名誉受到损害，甚至会造成更严重的后果。因此，对捏造事实诬告他人的信访人陈某，应依据其违法情节造成的后果，由公安机关给予治安管理处罚，或者由司法机关追究其刑事责任。

法律条文

《信访条例》

第四十八条 信访人捏造歪曲事实、诬告陷害他人，构成犯罪的，依法追究刑事责任；尚不构成犯罪的，由公安机关依法给予治安管理处罚。

一句话说法

信访人捏造歪曲事实、诬告陷害他人的，如果不是意图引起司法机关对被害人进行刑事追究，而是企图使有关机关追究被害人行政责任或给予纪律处分的；或者虽然信访人故意捏造犯罪事实，向国家机关或者有关单位告发，意图使他人受到刑事责任追究，但不足以使司法机关引起刑事追究程序，公安机关应当按治安管理处罚决定，对违法信访人给予行政处罚。情节严重构成犯罪的，信访人须承担刑事责任。

139. 信访事项如果存在重大、复杂、疑难情况时，可以举行听证吗?

案例背景

某村村干部在村子里搞集资建厂，并且承诺村民只要参加集资，年底分红不低于本金的50%，村民们信以为真，都纷纷掏出了自己的血汗钱。但是一年过去了，别说分红了，连工厂的影子都没有看到。为此村民们到县里信访，反映此事。因事情波及甚广，在本地引起了不小的波动。信访处理机关告知村民们，将对其信访事宜举行听证，要选派代表到时参加。村民们嘀咕了：信访的事也能举行听证吗?

学法有疑

信访事项如果存在重大、复杂、疑难情况时，可以举行听证吗?

法律讲堂

信访也能举行听证，信访听证对规范信访秩序、推动信访法制建设、维护群众合法权益具有重要意义。我国《信访条例》第三十一条第二款规定："对重大、复杂、疑难的信访事项，可以举行听证。听证应当公开举行，通过质询、辩论、评议、合议等方式，查明事实，分清责任。听证范围、主持人、参加人、程序等由省、自治区、直辖市人民政府规定。"由此可见，信访事项可以举行听证，但举行听证的范围是有限制的，只针对重大、复杂、疑难的信访事项。此外，听证不是处理信访事项的必经程序，是由有权机关裁量决定的。案例中村民们信访的事项关涉当地群众的重大利益，影响面比较广，因此有权机关是可以决定举行听证的。

法律条文

《信访条例》

第三十一条 对信访事项有权处理的行政机关办理信访事项，应当听取信访人陈述事实和理由；必要时可以要求信访人、有关组织和人员说明情况；需要进一步核实有关情况的，可以向其他组织和人员调查。

对重大、复杂、疑难的信访事项，可以举行听证。听证应当公开举行，通过质询、辩论、评议、合议等方式，查明事实，分清责任。听证范围、主持人、参加人、程序等由省、自治区、直辖市人民政府规定。

一句话说法

对重大、复杂、疑难的信访事项，可以举行听证，但听证不是必经程序。听证应当公开举行，通过质询、辩论、评议、合议等方式，查明事实，分清责任。实践证明，听证是吸纳民意、查明事实、矫正决策失误和彰显程序正义的重要程序制度，在信访领域引入公开听证制度，有利于妥善解决信访涉及的疑难纠纷，化解社会矛盾。